Rudolf Kaiser

Indianische Kinder- und Wiegenlieder

HERDER / SPEKTRUM

Band 4220

Das Buch

„Menschen wachsen ebenso natürlich wie die Bäume und das Gras und die Blumen." Indianer können Lehrmeister sein: Großzügigkeit und Gelassenheit, Toleranz, Achtsamkeit und Zuwendung zeichnet indianische Erwachsene in ihrem Umgang mit Kindern aus. Seit der frühesten Begegnung zwischen den beiden Rassen fanden Indianer die Gewohnheit der Weißen, Kinder zum Gehorsam zu prügeln, höchst abstoßend. Kinder werden nicht verzärtelt, aber auch nicht geschlagen oder geschimpft. Sie lernen ihre Lektionen auf andere Weise, durch Geschichten, in der Natur, durch das lebendige Vorbild, durch Warnung und Beschämung. Achtung und Ehrfurcht – nicht Konkurrenzverhalten und Egoismus werden vermittelt, und Eltern leben nach den Werten und Prinzipien, die sie auch bei ihren Kindern respektiert sehen wollen. Die kindliche Entwicklung zur Stärke ist ein Ziel, diese Entwicklung wird aber nicht gewaltsam forciert, sondern mit Geduld und Vergnügen beobachtet und gefördert. Kinder sind Geschenke des Vaters im Himmel, und als Bruder und Schwester alles Lebendigen verdienen sie Achtung.

Rudolf Kaiser hat in jahrelanger Arbeit Kindergeschichten und Kinderlieder, Kinderspiele, Kindergebete und Wiegenlieder nordamerikanischer Indianer gesammelt und erschließt sie hier in einfühlsamer Kommentierung so, daß sie lehrreich und bereichernd sind auch für unseren eigenen Umgang mit Kindern und gleichzeitig zum tieferen Verständnis einer sehr menschlichen Kultur beitragen.

Der Autor

Rudolf Kaiser, Professor für Anglistik an der Universität Hildesheim, beschäftigt sich seit Jahren mit den Indianerkulturen Nordamerikas. Zahlreiche Veröffentlichungen. Bei Herder/Spektrum: Die Erde ist uns heilig. Die Reden des Chief Seattle und anderer indianischer Häuptlinge (Band 4079); Indianischer Sonnengesang. Die Weisheit der Erde in der Spiritualität nordamerikanischer Indianer (Band 4143).

Rudolf Kaiser

Indianische Kinder- und Wiegenlieder

Herder
Freiburg · Basel · Wien

Ich danke Frau Elisabeth Steinort und Frau Annette Linde, Hildesheim, für vielfache Hilfe und stete Kooperation bei der Zusammenstellung der Texte und der Herstellung des Manuskripts.

Originalausgabe

Herstellung: Freiburger Graphische Betriebe 1993
Umschlaggestaltung: Joseph Pölzelbauer
Umschlagfoto: F. Ancellet/Rapho © Focus-Bildagentur 1992
ISBN: 3-451-04220-7

Für die Kinder dieser Welt

– und für Rita,
 deren Herz den Kindern gehört

Irgendwo

hinter deinen Augen

taucht das Haus deiner Kindheit auf.

(Lance Henson, Cheyenne)

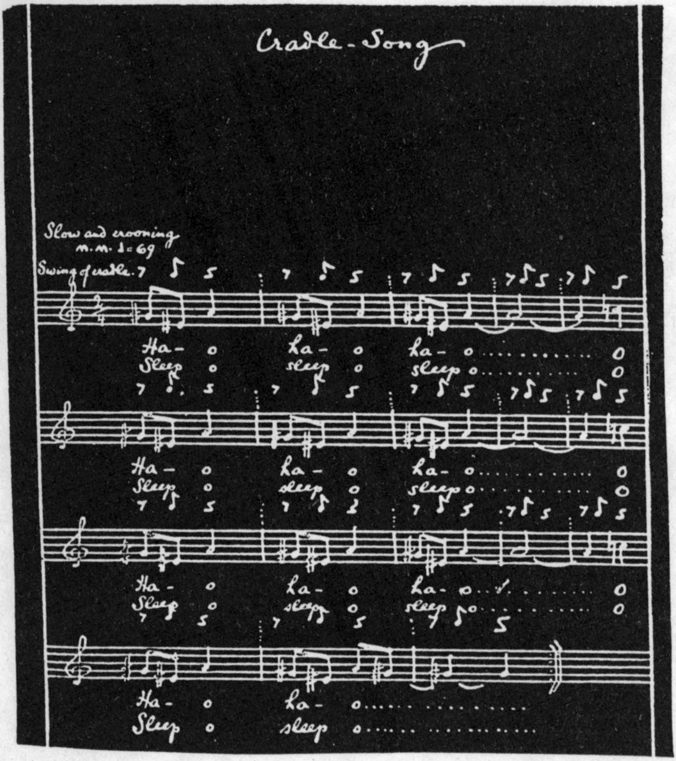

Als ich klein war,

konnte ich
>   in einem Gedanken das Universum umkreisen
>   und sicher zurückkehren –
mit dem Wissen um Dinge,
die nicht in Worte zu fassen sind.

(*Abbott Pongyesva, Hopi*)

Inhalt

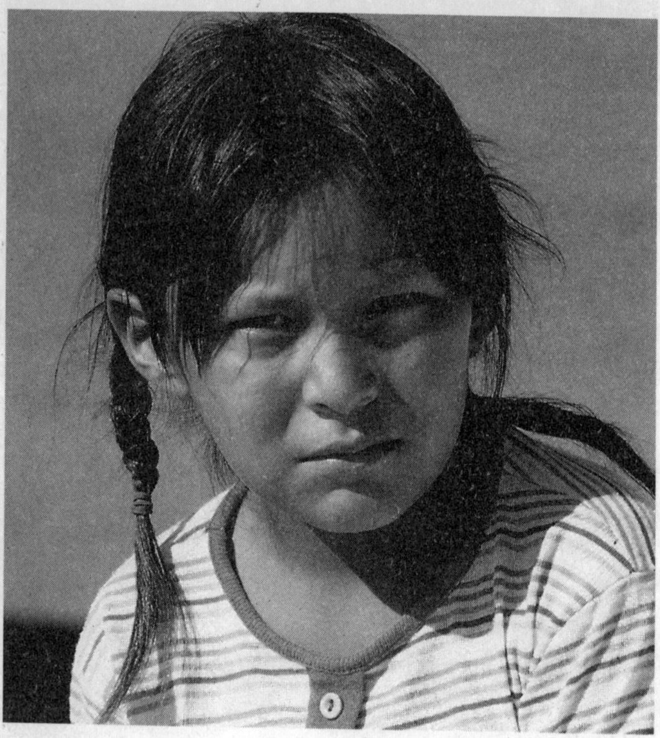

Einführende Gedanken

Bei dem hier angesprochenen Thema gilt von Anfang an die gleiche Einschränkung, die bei jeder Beschäftigung mit ausgewählten Aspekten indianischen Lebens zu bedenken ist: Da es niemals eine einheitliche und geschlossene indianische Kultur in Nordamerika gegeben hat, hat es natürlich auch nicht eine einheitliche Weise des Kindseins in diesen Kulturen gegeben. Zwar sind überall auf der Welt Geburt, Erziehung, Heranwachsen der Menschen – sind Muttersein, Kindsein, Vatersein – universelle Erscheinungsformen menschlichen Daseins. Deshalb werden wir auch in vielen Texten dieses Buches Züge und Stimmungen entdecken, die uns vertraut und universal menschlich anmuten. Doch sind diese elementaren Weisen menschlicher Existenz auch immer in den Zusammenhang eines jeweils umfassenderen kulturellen Ganzen eingebunden und von daher geprägt und als einmalig gekennzeichnet. Das gilt auch für die zahlreichen und zum Teil sehr unterschiedlichen Kulturen der Indianer Nordamerikas.

Gleichwohl scheint es sinnvoll, diesen gesamten Kulturraum für ein so begrenztes Thema, wie es das ‚Kindsein‘ darstellt, als ganzen in Augenschein zu nehmen. Denn bei den verschiedenen Völkern dort fanden und finden sich durchaus verwandte Strukturen des Welt- und Menschenverständnisses. (Dieses gilt z. B. für ihre überwiegend pantheistisch-ganzheitliche Sichtweise von Welt, Mensch und Gott). Und diese weltanschauliche Verwandtschaft findet auch in Texten und Liedern zum Kindsein ihren Ausdruck. –

Außerdem wird hier natürlich keinerlei Vollständigkeit angestrebt. Denn manche Stämme haben zum Thema Kindsein zahlreiche und interessante Äußerungen, Einsichten und Beispiele an Kinderliedern überliefert, andere dagegen fast gar keine.

Wichtig für die Auswahl der Texte war mir folgendes:

Manche Lieder berühren uns durch ihre allgemein menschliche Stimmung, der wir uns leicht anheimgeben können. Andere wirken auf uns zunächst neu und fremdartig; es sind diejenigen, in denen uns Ausprägungen einer anderen Kultur begegnen. Ein verstehendes Eindringen und eine Identifikation mit ihnen scheint mir für einen Europäer gleichwohl möglich – vielleicht nach einer Phase des Sicheinlassens und des Überwindens der Fremdheit. Solche Texte können dann unser Verständnis von Weisen des Menschseins und Kindseins in anderen Teilen dieser Welt bereichern, können unseren begrenzten kulturellen Horizont erweitern, können uns neue Sichtweisen eröffnen.

Eine dritte Gruppe von Liedern und Texten habe ich dagegen nicht in diese Sammlung aufgenommen: Wenn ich den Eindruck hatte, daß die Barriere der kulturbedingten Fremdheit weder durch begrenzte Hilfen und Erläuterungen noch durch williges Sicheinlassen des Lesers zu überwinden war, schien mir eine Einbeziehung in dieses Buch nicht gerechtfertigt. Sein Zweck ist eben nicht eine möglichst umfassende Darstellung von Vorhandenem in wissenschaftlicher Vollständigkeit; vielmehr sollen Leser und Leserinnen, die bereit sind, sich mit diesem Thema zu beschäftigen, neben dem Fremden auch Vertrautes, Freude und Bereicherung finden können.

In dem (wiederholt benutzten) Buch „Respect for Life – The Traditional Upbringing of American Indian Children" (1972) von Morey/Gilliam berichten Indianer aus verschiedenen Stämmen über indianische Erziehung. Dabei gibt es von dem Crow-Indianer Henry Old Coyote auch folgende Aussage über indianische Wiegenlieder (S. 39 f.):

„Wir Indianer haben Wiegenlieder über Tiere – und über die Art und Weise, wie diese zärtlich mit ihren Jungen umgehen. Diese Wiegenlieder sind von einer Generation zur nächsten weitergegeben worden, und sie werden auch heute noch

gesungen. Da ist zum Beispiel eines, das handelt von einem Mutterpferd, das seinem Fohlen ein Lied singt: Es beschreibt das junge Fohlen, wie es dahertrabt, wie seine Mähne fliegt und wie es darauf achten muß, was es mit seinem Schwanz berührt. Es hat zwar langes Haar, ist aber sonst nicht gerade ein Ausbund an Schönheit. Doch ihm gehört alle Liebe der Mutter.

Ein anderes Wiegenlied handelt von einer Bärenmutter, die ihrem Kind, das kleine Augen hat und unentwegt am Ufer entlang läuft, ein Lied singt. Wir singen in unseren Liedern auch von dem kleinen Rehbock, wenn er zum erstenmal ein Geweih bekommt. Er wird dieses Geweih später abwerfen, doch die Mutter tröstet ihn, daß es wieder wachsen wird: ‚Mach dir keine Sorgen, du bist ein lebhaftes, du bist ein ausgelassenes Junges; dein Geweih wird schon wieder wachsen' sagt sie ...

Was unsere Kinder vor allem lernen sollen, indem sie diese Wiegenlieder hören, ist Achtung („respect'). Sie lernen, bestimmte Dinge im Leben und andere Menschen zu achten. Indem wir ihnen Achtung vermitteln, hoffen wir, daß sie auch Selbstachtung entwickeln. Und durch Selbstachtung gewinnen sie wieder Achtung vor anderen.“

Der Zyklus von Leben und Tod

Wie ich die Geburt meines ersten Enkelkindes erlebte

(Die Verfasserin des folgenden Textes ist die Tochter einer Tewa-Pueblo-Mutter und eines Hopi-Vaters. Sie lebt heute – verheiratet mit einem amerikanischen Ethnologen – in der Großstadt Tucson in Süd-Arizona. Den Text veröffentlichte sie 1983.)

Vor einigen Monaten besuchte ich meine Mutter im Pueblo San Juan, Neu-Mexiko. Meine älteste Tochter, mein erstes Kind, war dabei, ihr erstes Kind zur Welt zu bringen. Als die Zeit der Entbindung kam, waren meine Mutter und eine Nachbarin behilflich, während ich mein Enkelkind mit meinen Händen empfing.

Diese Erfahrung berührte mich tief; so tief, daß ich selbst von der Stärke meiner Gefühle überrascht war. Die Kraft dieser Emotion trieb mich dazu, vielen gedanklichen Fäden nachzugehen, die ich während meines Lebens gespeichert hatte. Dieses Entwirren von Fäden hat mir eine Kraftquelle erschlossen, die mich für den Rest meines Lebens tragen wird ...

Als meine Tochter damals sagte: „Mutter, ich werde ein Baby haben", da wandte ich mich meiner Mutter zu, die neben mir saß. Sie begann zu lachen – und lachte –, und als ich allmählich verstand, warum sie lachte, stimmte ich mit ein. Meine Tochter schaute uns zwei Sekunden lang an, und dann fing auch sie an zu lachen. Alle drei saßen wir da und lachten vor Freude; glücklich, daß ein neues Leben begonnen hatte.

Als wir uns wieder beruhigt hatten, dachten wir darüber

15

nach, was wir für das neue Leben vorbereiten könnten. Damit meine Tochter sich richtig auf die Geburt einstellen konnte, ... mußte sie von Schwangerschaft und Entbindung erfahren. Wir mußten eine Entbindung im Krankenhaus ebenso in Erwägung ziehen wie eine Hausgeburt, und auch die möglichen Gefahren. Ebenso wichtig war, daß wir alle während der ganzen Schwangerschaft gute Gedanken hegen würden, so daß das Kind still und glücklich sein würde ...

Pueblo-Frauen bekommen ihre Kinder erst seit Mitte der dreißiger Jahre in Krankenhäusern, und viele bekamen sie auch in den fünfziger Jahren noch zu Hause. Manchmal war eine Hebamme dabei, aber oft unterstützte nur ein Familienmitglied oder eine Verwandte die Frau. Doch die Kombination von erzwungener Erziehung durch die US-Regierung, dem Wunsch, ‚modern‘ zu sein, und auch das nachlassende Zutrauen zu traditionellen Methoden brachten mehr und mehr junge Pueblo-Frauen dazu, in Krankenhäusern zu entbinden. Meine Eltern, Tanten und Onkel wurden alle zu Hause geboren. Meine Brüder, Kusinen und ich wurden im Krankenhaus geboren, während unsere Mütter jeweils unter Narkose standen. Meine Tochter brauchte viel Kraft und Mut, um sich von diesem Trend loszusagen, und ich glaube, daß es die Worte meiner Eltern waren, die ihr den Mut gaben.

Meine Tewa-Mutter und mein Hopi-Vater kommen von zwei verschiedenen Völkern, die beide Landwirtschaft betreiben. Obwohl ihre Sprachen unterschiedlich sind, sind doch die wesentlichen Ansichten vom Leben vergleichbar. Sie laufen hinaus auf die Goldene Regel; dazu spezielle Anweisungen, hart zu arbeiten; einzustehen für das, was recht ist; mit anderen zu teilen. Meine Eltern sind in diesen Lehren tief verwurzelt; sie haben sie durch ihr ganzes Leben geleitet. Für unsere Menschen gibt es kein Jenseits, wenn wir sterben; keinen Himmel und keine Hölle. Eine Zeitlang leben wir in diesen menschlichen Körpern. Wenn unsere Zeit zu Ende geht, erhebt sich unsere Seele zu den Wolken. Ein Erstkläßler

16

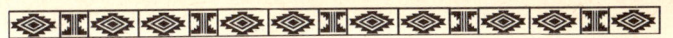

könnte vielleicht sagen – wie es mein Sohn tat, als mein Vater starb: „Großvater lebt jetzt in den Wolken." Das ist etwa alles, was wir sagen können. Wir beten zu den Lebenskräften, die in der Vergangenheit in unseren Menschen wohnten und die in der Zukunft in ihnen wohnen werden. Wenn wir unser Leben ordentlich führen, dann werden diese natürlichen Kräfte Regen schicken, um unsere Feldfrüchte zu tränken; und sie werden uns erlauben, Kinder zu gebären und sie zu ernähren, so daß unser Volk fortleben kann.

Mein Vater hatte immer seinen Garten. Jeden Tag, wenn er von der Arbeit nach Hause kam, hackte und pflegte er darin seine Pflanzen und sang für sie ein Lied. Wenn er damit fertig war, nahm er uns auf seinen Schoß und blies den Rauch einer Zigarette über den Garten hin, um so seine Gebete an die Wolken zu richten. Solange wir klein waren, saßen wir dann auf seinen Knien oder an seiner Seite, wenn er rauchte. Wir waren wie seine Pflanzen: Er sang uns Lieder vor, streichelte uns, betete für uns und war lieb zu uns. Meine Tochter hatte das Glück, daß sie bei ihm lebte, als sie klein war. Durch seine Lebensart gab er ihr – wie mir – ein starkes Herz.

Meine Mutter war die vollkommene Ergänzung zu meinem Vater. Sie und mein Vater erzogen uns Kinder gemeinsam. Er zeigte meinen Brüdern und mir, wie man fischt und jagt; sie zeigte uns, wie man das kocht, was wir gejagt hatten. Immer arbeiteten sie zusammen. Mein Vater fegte den Fußboden, wenn meine Mutter Wäsche zu machen hatte. Er schnitt und knotete die Fransen der Umhängetücher, die sie machte. Beide wußten, daß wir arbeiten müssen, um zu leben, und daß es oft ebensoviel Vergnügen wie Verpflichtung ist, wenn wir die Arbeit miteinander teilen. Beide glaubten, daß die größte Freude und die größte Verantwortung von Kindern herkommt, da diese Kinder die Gabe an die Zukunft sind ...

Da wir uns so gut verstehen und da ich für Hausgeburten ausgebildet bin, bestand meine Tochter darauf, ihr Kind im

17

Hause meiner Mutter zu bekommen. Als meine Tochter im Krankenhaus geboren wurde, war meine Mutter dabei, weil sie sich auskannte und für den Arzt arbeitete. Als aber die Geburt vorüber war, wurde sie hinausgeschickt, das Baby wurde ins Kinderzimmer gebracht – und mich ließ man allein. Diesmal aber blieben wir alle beieinander und gewannen Kraft aus unserer Nähe und Vertrautheit, da wir das neue Kind in dieser Welt willkommen hießen.

Ich glaube, heute machen sich viele Frauen Gedanken um ihren Körper, weil sie sich der Zyklen des Lebens nicht bewußt sind. Geburt und Tod werden aus dem Haus verbannt, und nur wenige Leute wissen, wie sie mit diesen Dingen fertig werden sollen. Aufgrund dieser Unkenntnis vom Anfang und Ende unseres Lebens neigen wir dazu, nur für den Tag zu leben, und wir finden es schwierig, den Wert des Beisammenseins zu schätzen. Ich bin so glücklich, wenn ich Männer und Frauen treffe, die bei der Geburt ihrer Kinder aktiv beteiligt sein wollen; die fühlen, daß eine Geburt ihrem Leben eine Grundlage gibt. Diese Menschen scheinen zu wissen – wie es die Menschen meines Volkes wissen –, daß wir einander nötig haben, daß wir für uns allein nichts sind. Ich glaube, daß diese Menschen ihre Kinder so sehen, wie meine Eltern es taten, nämlich als Geschenk für uns alle; und ich fühle mich beruhigt, daß meine Kinder nicht allein sein werden.

Meine Tochter bekam einen Sohn und wurde Mutter, während ich Großmutter wurde und meine Mutter eine Urgroßmutter. Was mich so tief berührte, war das Bewußtsein, daß mein Lebensweg seine Vollendung gefunden hatte. Ich hatte mein Kind aufgezogen, wie es meine Eltern getan hatten, und nun war es in meine Fußstapfen getreten. Ich kann fortschreiten auf meinem Lebensweg in dem Bewußtsein, daß eine neue Generation folgen kann, wie ich meiner Mutter folgte; und ich kann nun weitergehen mit einem glücklichen Herzen und in Dankbarkeit.

Urgroßmutter webt immer noch, wenn sie nicht gerade

ihren Urenkel umherträgt. Meine Tochter beendete ihr Col-
lege-Semester, so wie ich es tat. Ich bekomme meinen En-
kelsohn so oft zu sehen wie möglich – allerdings nicht oft genug für mich –, und ich bin glücklich, daß er geliebt wird.
Ich habe Vertrauen, daß er heranwachsen wird, stark im Herzen wie seine Mutter, und daß er seine Gebete zu den Wolken
senden wird, wie es sein Großvater tat.

Wer weiß: Ich hielt seinen Kopf, als er in diese Welt kam;
vielleicht wird er meinen halten, wenn ich diese Welt verlas-
se.

(Marie Levy)

Kindsein in indianischen Kulturen Nordamerikas

„... wie wir aus dem Inneren unserer Mutter kommen, so kommen wir auch aus dem Inneren dieser Erde, unserer Mutter. Und wie man seine Mutter liebt, wie man sie beschützen und ihr Achtung entgegenbringen möchte dafür, daß sie einen genährt und umsorgt hat, bis man die Kraft hat, selbst für sich zu sorgen: So sehen wir auch die Erde. Dieses ist das Gefühl, das wir für die Erde haben ...
Wenn wir die Erde zerstören oder sie mißachten, dann zeigen wir Mißachtung gegenüber unserer Mutter."

(Joe Lafferty in: Akwesasne Notes, Dez. 1977, S. 10)

Vielen der hier vorgelegten Lieder ist noch der Ursprung aller Poesie und Musik anzumerken: der Glaube an die Welt des Übernatürlichen. Aus der Berührung mit ihr entstanden Dichtung und Gesang. Das bedeutete auch, daß es eine enge Verbindung zwischen Singen und richtigem Handeln gab: Ein richtiges Lied, zur rechten Zeit mit rechtem Herzen gesungen, konnte das Tun und das Geschehen beeinflussen. –

Im indianischen Denken galt und gilt: Alles ist beseelt. Alles ist lebendig. Alles steht in Beziehung zu allem. Der Mensch ist in das Gesamtgewebe des Daseins als Beeinflussender und als Beeinflußter, als Wirkender und als Betroffener eingebunden. So kann er durch seine Lieder das Wetter, die Gesundheit oder den Schlaf eines Kindes beeinflussen. Sprache ist wirkmächtig und schöpferisch. Im Sinne dieser ursprünglich geglaubten Wirkkraft waren und sind alle Lieder heilig.

In unserer Kultur dagegen sind die Worte der Sprache und der Lieder längst von dieser Nähe zu den Dingen und ihren inneren Wirkkräften getrennt worden. Und eine solche Trennung kann man auch in den jüngeren Texten und Liedern indianischer Autoren erkennen. Dort aber, wo noch traditionelle in-

21

dianische Weltansichten durchscheinen und die Wirknähe von Wort, Ding und Mensch spürbar ist – dort fällt uns Europäern oftmals das Verständnis der Texte oder der Struktur eines Liedes zunächst schwer. Die Fülle der Wiederholungen – die Bedeutung der Pausen – der Gebrauch der Bilder – die Wirkmächtigkeit der Ansprache: Alles dieses ist oftmals fremd für uns und bedarf einer intensiveren Beschäftigung mit den weltanschaulichen Grundlagen, die in solchen Liedern zum Ausdruck kommen. Allerdings weicht die Fremdheit schnell einer Faszination, wenn wir die kulturellen und weltanschaulichen Hintergründe verstehen lernen und uns auf eine solche Begegnung mit dem Fremden unvoreingenommen einlassen.

(Eine ausführlichere Darstellung dieser kulturellen, religiösen und weltanschaulichen Unterschiede zwischen Indianern und Europäern habe ich versucht in dem Buch: Rudolf Kaiser, Gott schläft im Stein – Indianische und abendländische Weltansichten im Widerstreit von Ganzheitlichkeit und Dualismus; München 1990.)

Das Lied vom Ursprung des Lebens

Wo ist es entsprungen?
>Es entsprang in der Fruchtbarkeit der Dunkelheit.

Woher kam die Morgendämmerung?
>Die Morgendämmerung war der Anfang.

Was ist die Quelle
dieses Lebendigen in der Hülle unseres Fleisches?
>Im Gedächtnis des Menschen
>ist keine Erinnerung an das allererste Leben.

Wo ist sie entsprungen,
diese Quelle, wo das Leben fließt?
>Sie kam aus der Fruchtbarkeit der Dunkelheit.

Über wem dämmerte der Morgen?
>Über der Seele des Anfangs selbst.

Wer bringt Leben hervor?
>Es wird geträumt in mystischer Schöpfung.

Und was war der allererste Traum?
>Es war der Anfang selbst.

(Anna L. Walters,
Pawnee-Otoe-Indianerin)

Ein Kind

ist das schönste Geschenk
der Heiligen Wesen.

Das Leben,
welches das Kind empfängt,
wird von den Heiligen Wesen gesandt.

Dem neugeborenen Kind wird Wind eingehaucht.

Das ist der Grund,
warum beim Menschen
die Haut an den Fingerkuppen
spiralförmig geriffelt ist,
und warum das Haar auf dem Kopf
in Wirbeln wächst.

Der Wind geht bis ins Herz
und läßt sich dort nieder ...

(Nia Francisco/Flora L. Bailey)

Im Jahre 1972 lud das Myrin-Institut, New York, führende Indianer verschiedener Stämme zu einer Gesprächsrunde nach Harper's Ferry in West Virginia ein. Zusammen mit einigen Vertretern des Myrin-Instituts sollten sie dort eine Woche lang überlieferte indianische Auffassungen von der Erziehung indianischer Kinder diskutieren.

Ich will hier auf einige der Gedanken hinweisen, die bei dieser Gelegenheit von den anwesenden Indianern vorgebracht wurden. Dabei handelt es sich zunächst natürlich um die Ansichten einzelner Vertreter verschiedener Stämme; alle Indianer versuchten aber, ihre eigenen Traditionen möglichst in Beziehung zu setzen zu anderen Stammestraditionen.

So hieß es bei dieser Konferenz, daß Indianer ein Kind vom Augenblick der Empfängnis an und während der Schwangerschaft in einer Weise betrachten, die ganz anders ist als die Art und Weise, die Indianer heute in der Welt der Weißen erleben. Der Pueblo-Indianer Victor Sarracino wies darauf hin, daß eine junge Frau während der Schwangerschaft angehalten werde, stets gute und freundliche Gedanken zu hegen und immer guten Mutes zu sein, egal, was geschehe. Auch jeder Verwandte versuche, die werdende Mutter froh zu stimmen. Sie sprächen mit ihr vor allem über die Dinge, die gut und erfreulich seien und die auch für das werdende Kind ein Grund zur Freude seien.

Dahinter steht der Gedanke, daß schlechte und belastende Gedanken von der Mutter auf das werdende Kind übergreifen und es in seinem körperlichen und seelischen Wachstum belasten können. Darum sei es sehr wichtig – hieß es –, daß die Mutter glückliche Gedanken hege und sich – wie wir heute sagen würden – um ‚positives Denken' bemühe.

Der Navajo-Indianer Max Hanley erwähnte, daß ein oder zwei Monate vor der Geburt eines Kindes ein Medizinmann gerufen werde, um während der Nacht eine Gebetssitzung abzuhalten. Während der folgenden Nacht werde dann eine Zere-

monie für Mutter und Kind durchgeführt, damit das Kind ohne Schwierigkeiten und ohne Mängel geboren werde.

Bei den Flathead-Indianern galt: Sobald eine Frau um ihre Schwangerschaft wußte, war sie in ihrem Essen und ihrem Verhalten bestimmten Regelungen unterworfen. Kaninchenfleisch war gut, um ein lebhaftes und intelligentes Kind zu bekommen. Leber dagegen sollte bei der Nahrung gemieden werden, da sie die Haut des Kindes dunkler machen würde. Wirklich schwere Arbeit war einer schwangeren Frau verboten, doch sollte sie sich auch nicht verweichlichen. Vielmehr sollte sie ihre Arbeiten schnell und gut verrichten.

Wenn bei den Makah die Tochter eines Häuptlings ein Kind erwartete, dann sagte sie es ihrer Mutter; diese sagte es dem Vater, und dieser veranstaltete ein Fest und verkündete dabei zwei mögliche Namen für das Kind, einen für einen Jungen, einen für ein Mädchen. Man gab sich Mühe, der werdenden Mutter zu helfen, in ihrem Gemüt und in ihrem Denken heiter zu sein. Es war ihr nicht erlaubt, irgend etwas Schreckliches oder Abstoßendes anzuschauen. Auch gab man ihr nichts zu essen, was unappetitlich aussah. Alle diese Regelungen sollten natürlich dem ungestörten, heiteren Heranwachsen des noch ungeborenen Kindes dienen.

Der Sioux-Medizinmann Lame Deer berichtet (in dem Buch „Lame Deer" von Richard Erdoes, S. 145 f.), daß in seinem Volk vor der Geburt eines Kindes eine der beiden Großmütter immer zwei kleine puppenartige Figuren in der Gestalt einer Eidechse und einer Schildkröte formte. „Die Eidechse, manitukula, ist ein kleiner Schutzgeist. Sie lebt von fast nichts. Sie gewinnt ihre Feuchtigkeit einfach aus dem Dunst der Erde ... Auch die Schildkröte ist sehr zäh. Diese kleinen Tiere stehen für Stärke und ein langes Leben. Deshalb hat man sie ausgewählt, ein kleines Kind gegen böse Geister zu beschützen ... Die Nabelschnur des Kindes wurde (bald nach der Geburt) in eine dieser Puppen hineingesteckt. Die zweite wurde mit Gras gefüllt. Die Figur mit der Nabelschnur darin wurde an die

Wiege des Kindes genäht und später – wenn es selbst laufen konnte – an seine Kleider. Nach fünf Jahren nahm die Mutter diese Figur in Verwahrung."

Bevor eine Navajo-Frau niederkommt, bittet sie gelegentlich darum, daß eine Zeremonie nach dem ‚Blessing Way' für sie abgehalten wird. Das geschieht auch heute noch manchmal, bevor die Frau dann zur Entbindung mit dem Auto ins Hospital gebracht wird. Zweck dieser Zeremonie ist, daß Wehen und Entbindung erträglich sein mögen; daß es eine normale Geburt wird. –

Wenn das Kind dann geboren ist, empfängt man es als die schönste Gabe der heiligen Wesenheiten der Navajo. Sie senden den Atemwind in das neugeborene Leben (vgl. Beck/Walters, S. 281).

Vom Herzen der Erde

Vom Herzen der Erde mit gelbem Blütenstaub
    geht Segen aus.
Vom Herzen des Himmels mit blauem Blütenstaub
    geht Segen aus.
Auf einem Lager von Blütenstaub –
    möge ich dort in Segen gebären.
Auf einem Lager von Geweben –
    möge ich dort in Segen gebären.
Wie die gesammelten Wasser
    vor dem Kind herfließen,
    wodurch Segen ihm vorauseilt –
    möge ich dort in Segen gebären.
Dadurch ohne Hinzögern,
dadurch mit seinen Sinnen geöffnet,
dadurch mit seinem Leibe gerichtet,
dadurch ohne den Schmerz,
    den es verursacht –
    möge ich dort in Segen gebären.
Wie das Kind des Wassers hinter ihm fließt,
    wodurch Segen ihm folgt –
    möge ich dort in Segen gebären.
Mit Blütenstaub um es herum,
    mit Blütenstaub Segen von ihm ausgehend –
    möge ich in Segen gebären.
Umgeben von lebenslangem Glück,
    möge ich in Segen gebären,
    möge ich schnell gebären.
Möge ich mich in Segen wieder erheben,
    möge ich mich in Segen erholen,
    möge ich fortleben
    wie jemand,
    der lebenslanges Glück ist.

Vor mir sei Segen;
hinter mir sei Segen;
unter mir sei Segen;
über mir sei Segen;
um mich herum sei Segen;
mögen meine Worte gesegnet sein.

Sie sind gesegnet worden.
Sie sind gesegnet worden.
Sie sind gesegnet worden.
Sie sind gesegnet worden.

(Gebet einer Navajo-Frau
vor der Geburt ihres Kindes)

Die werdende Mutter

... formuliert (in diesem Text) nicht nur, sondern erfüllt auch
ihren Wunsch nach Identifikation mit den Verkörperungen
allen Lebens, den inneren Formen der Erde, so daß ihr Kind
nach seiner Geburt leben möge und daß ihr eigenes Leben
keinen Schaden nehmen möge ... Die werdende Mutter
drückt ihren Wunsch in diesem Gebet aus, daß die Geburt
ihres Kindes in der Weise und der Ordnung stattfinden
möge, die am Beginn der Welt festgelegt wurde, so daß alle
Dinge auf diese Art Leben erhalten sollten. Das Gebet (und
das damit verbundene rituelle Bad) sollen der werdenden
Mutter Schöpferkraft geben.

(Sam D. Gill)

Kindergedichte

Erstes

O Kind, dein Erzittern
gegen die innere Wandung deiner Mutter
ist eine wirkliche Bewegung
ohne Kraftvergeudung und ohne Bedenken,
ein erstes Schlagen der Flügel,
welches uralten Pfaden folgt,
um uns bei der Rückkehr behilflich zu sein.

Zweites

Ich will dir deinen Platz auf der Erde zeigen,
zwischen Bergen, auf dem Boden,
an alten Wasserläufen, im Wind –
wo deine Mutter ging,
wo ihre Mutter ging.
Hierher also,
hierher,
ich will dir die Stellen zeigen,
wo du deine eigene Rolle spielen wirst.
...

Letztes

Unter den Dingen, die ich von dir erwarten würde,
ist,
daß du zu schätzen weißt das gute Weizenbrot,
das deine Mutter backt.
Dabei solltest du daran denken,
wie ihre Hände sich bewegen,
wenn sie den Teig knetet
und ihn mit ihren Gedanken gestaltet
– und wie du gestaltet wurdest
und in ihr wuchsest.
(Simon J. Ortiz, Pueblo)

Bei den Zuni-Pueblo-Indianern gingen/gehen folgende traditionelle Sitten der Geburt eines Kindes voraus: Seine Eltern wandern manchmal zu einem ‚Mutter-Felsen' oder zu einem ‚Vater-Felsen' in der Nähe von Zuni – je nachdem, ob sie ein Mädchen oder einen Jungen wünschen. Dort legen sie Opfergaben nieder und sprechen Gebete, um ihrem Wunsch Ausdruck zu verleihen. Ist ihr Wunsch ein Mädchen, dann bitten sie, daß diese Tochter heranwächst zu allem, was gut ist in einer Frau; daß sie schöne Stoffe weben kann und geschickt ist in der Töpferei.

Ist ihr Wunsch ein Junge, so bitten sie, daß er Kraft hat, seine Feinde zu besiegen, und Kraft, reichlich Früchte von seinen Feldern zu ernten. Nach diesen Bitten streuen die Eltern heiliges Maismehl an den genannten heiligen Orten aus.

Bei den Hopi erschien gleich nach der Geburt die Mutter der jungen Mutter, um für ihre Tochter und ihr Enkelkind zu sorgen. Sie badete das Kleinkind und rieb seinen Körper dann mit der Asche der Feuerstelle ein. Sinn dieses Tuns war es zu garantieren, daß die Haut dieses neuen Menschen immer sanft und glatt sein würde.

Danach gab es für Mutter und Kind eine Periode von zwanzig Tagen, die sie – vor jedem Sonnenlicht geschützt – in der Dunkelheit des Geburtszimmers gemeinsam verbrachten. Man glaubte, Sonnenlicht sei schädlich für ein neugeborenes Kind, und der Übergang von der Dunkelheit des Mutterleibes zum hellen Tageslicht sollte durch diese zwanzig Tage gemildert werden.

Für jeden Tag wurde im Zimmer oberhalb des Kindes eine Markierung an der Wand angebracht. Am neunzehnten Tag stand die Mutter auf und mahlte Maismehl für die religiösen Zeremonien des folgenden Tages. Denn der Höhepunkt dieser Übergangszeit war am Ende der zwanzig Tage die Weihe des Kindes an die Sonne.

Am Morgen des zwanzigsten Tages erschienen die weiblichen Verwandten der jungen Mutter schon vor Morgengrauen.

Jede hatte ihr bestes Gewand angelegt und trug Gaben von
Maismehl oder eine vollkommene Maisähre in der Hand.
Wenn alle Gäste versammelt waren, begann die Feier.
Zunächst wurde die Mutter rituell gereinigt, indem ihr Haar
und ihr Körper in einem Sud der Yucca-Pflanze gewaschen
wurden. Danach unterzog sie sich einem Dampfbad, während
die Großmutter und die Tanten abwechselnd das kleine Kind
in dem Yucca-Sud badeten und ihm einen Namen gaben.

Während dieser Vorgänge stand der Vater des Kindes auf
dem Dach des Hauses und beobachtete das Kommen des Lich-
tes. Wenn die Sonne kurz vor ihrem Aufgang stand, benach-
richtigte er die Frauen, die dann mit dem Kind zum Rand des
Tafelberges eilten. Dabei trug eine der Großmütter das Kind
und beugte sich darüber, damit es noch vor jedem Licht geschützt sei. Wenn dann die Sonne am Horizont erschien, hielt
die Großmutter das Kind so, daß die Strahlen der Sonne direkt
auf sein Gesicht fielen. Dann nahm sie eine Handvoll Maismehl, streute dieses über das Kind und sprach dabei ein Gebet.
Den Rest des Mehls streute sie über den Rand der Mesa zur
Sonne hin. Damit galt das Kind als volles Mitglied der Familie. Die Verwandten trugen es nach Hause und erfreuten sich
dort gemeinsam an einer feierlichen Mahlzeit.

Für mein neugeborenes Kind

Erfreu dich am Leben,
    da du es lebst.

Erreiche ein hohes Alter
    und bleibe ohne Krankheit
    während deiner Lebenszeit.

Stirb ohne Krankheit,
    schlaf einfach ein.

Hier ist Maismehl,
deine Nahrung,
    welche dir die Erde,
    deine Mutter,
        dein ganzes Leben geben wird.

(Marie Levy, Hopi-Pueblo)

Lied einer Mutter

an ihr kleines Kind

Zuerst wurde diesem kleinen Kind
Leben gegeben
durch das Lied des Medizinmannes,
durch das Gebet des Medizinmannes.
Für dieses kleine Kind
wurden die Lieder gesungen.

Dann
hat die Mutter des Kindes
für es gesorgt
mit Liedern
von den Wesenheiten des Regens.

Dieses kleine Kind
in seiner Wolken-Wiege
wurde behütet
von seiner Mutter.

Es war schön,
wie die Wolken heraufkamen
gleich dem Schaum;
und, als ob es
unter ihnen war,
wurde dieses kleine Kind
umsorgt.

(Acoma-Pueblo)

Gesegnet sind wir heute

mit diesem schönen Kind;
mögen seine Füße sein nach Osten,
      seine rechte Hand nach Süden,
      sein Kopf nach Westen,
      seine linke Hand nach Norden;

möge es in Frieden wandeln
      und wohnen auf der Mutter Erde;
möge es gesegnet sein
      mit vielen wertvollen Gütern;
möge es gesegnet sein
      mit kostbaren buntgescheckten Steinen;
möge es gesegnet sein
      mit fetten Schafen in Fülle;
möge es gesegnet sein
      mit schönen schnellen Pferden in Fülle;
möge es gesegnet sein
      mit geachteten Verwandten und Freunden.

      Alle diese Segnungen erbitte ich
      in Ehrfurcht und Frömmigkeit.

(Segensspruch für ein neugeborenes Navajo-Kind)

Meine Mutter, die Erde;

der Himmel,
die Sonne,
der Mond:
ihr alle zusammen mein Vater.

Ich bin die Wesenheit des Lebens;
ich bin der Quell des Glücks in Schönheit.
Alles ist in Frieden;
alles ruht in Schönheit;
alles in Harmonie;
alles in Glück.

*(Spruch eines
neugeborenen Navajo-Kindes)*

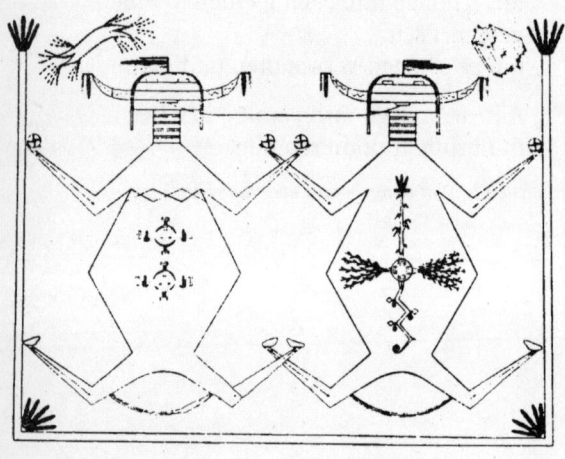

*Vater Himmel und Mutter Erde nach einer Darstellung der
Mythologie der Navajo*

Schlaf, schlaf!

Dann wirst du getragen
ins Land der wunderbaren Träume.

Und in deinen Träumen
wirst du die Zukunft sehen
und deine zukünftige Familie.

(*Yuma*)

Sleep, sleep. It will carry you into the land of wonderful dreams, and
in your dreams you will see a future day and your future family.

(*Frances Densmore,
Yuman and Yaqui Music, S. 198*)

Lied der jungen Mutter

M' – ni' – ni' – n! N' – n' – n' – n!
Ai – i – he – i – ah – o – he – a – i – ne-

Schwing, mein kleiner Prinz,
            duftend auf dem Zedernast.
Zeder, Zeder, wiege dich sanft
            mit dem singenden Wind.
Blanker, flüchtiger Wind
            mit dem Lied in deiner weißen Kehle,
            mit dem Licht in deinen weiten Augen
            und mit des Himmels blauen Federn
               aufdeinen Flügeln.
Oh wehe dahin, wehe dahin; sanft und zärtlich, Wind;
            wiege meinen kleinen Prinzen, Wind,
            in seiner kleinen gewobenen Wiege.

In der Dämmerung fädelten meine Finger noch den Faden
            und brauchten kein Licht.
            Oft saß meine Mutter nahe bei mir,
            schaute zu,
            manchmal weinte sie, ja, sie weinte.

Doch antwortete sie nicht,
            als ich sie fragte, warum.

In der Nacht hast du mich aufgeweckt
            an seiner Seite –
du tanztest in deinem dunklen Haus
            hin zu den Pforten,
            die sich bald öffnen mußten;
            hin zu den weißen glänzenden Küsten
            der Morgendämmerung deines Lebens.

Und ich sah das runde Gesicht der Mondfrau,
wie sie durch die Öffnung des Rauchabzugs
lachte, spottete
und auf deine leere Wiege zeigte,
die dort hing.
Ai, doch ihr Lächeln wurde freundlich,
und sie sagte:
Ai, warte noch ein wenig, du Ungeduldige.
Wenn mein rundes Gesicht
das nächste Mal durch die Öffnung des Rauchabzugs lugt,
dann werde ich ihn an deiner Brust suchen.

(Aus dem Norden Kanadas)

Sie wird Rosen pflücken

Dieses kleine Mädchen
    wurde geboren,
    um wilde Rosen zu pflücken.

Wurde geboren,
    um den wilden Reis zu schütteln
    mit seinen kleinen Fingern;
    um den Saft
    des jungen Schierlings
    im Frühling zu sammeln.

Dieses Kind
    wurde geboren,
    um Erdbeeren zu pflücken,
    um Körbe zu füllen mit Blaubeeren,
    mit Soapberries und Holunderbeeren.

Dieses kleine Mädchen
    wurde geboren,
    um wilde Rosen zu pflücken.

(Tsimshiam)

Dieses Wiegenlied für ein Mädchen gehört der Familie Weer-
hae aus Gitwinlkul, einer führenden Familie des Wolf-Clans.

(Brian Swann)

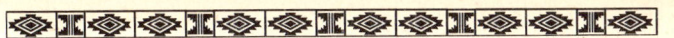

Die Geburt eines Kindes bei den Zuni ist von Zeremonien und Riten begleitet. Bei der Geburt selbst sind nur die Mutter der Frau und zwei Hebammen anwesend. Nach der Geburt des Kindes erscheint die Mutter des Vaters mit einem Geschenk für das Kind: einem großen Topf mit einer kleinen Decke darin. In dem Topf bereitet sie ein Bad für das Baby und spricht dabei Gebete des Dankes für das neue Leben. Danach reibt sie den ganzen Körper des Kindes – außer dem Kopf – mit warmer Asche ein. Dieser Aschen-Ritus wird dann jeden Morgen wiederholt, bis das Kind mehrere Jahre alt ist.

Danach bereitet die Mutter des Vaters ein Bettchen aus warmem Sand zur rechten Seite der Mutter. Sie legt das Kind darauf und bedeckt es mit der kleinen Decke, die sie gebracht hat. Dann wird eine Maisähre neben das Kind gelegt.

Während der ersten zehn Tage nach der Geburt des Kindes bleibt die Mutter des Vaters im Haus der Schwiegertochter, sorgt für die junge Mutter und das Kind und hilft bei der Vorbereitung des kommenden Festes. Am Morgen des zehnten Tages wird das Kind aus seinem Sandbettchen genommen – zu dem es danach nie mehr zurückkehrt – und die Mutter des Vaters trägt es auf ihrem linken Arm zum erstenmal in die Sonne. Mit der rechten Hand hält sie dabei die Maisähre, die neben dem Kind gelegen hat, auf die Brust des Kindes. Die Mutter des Kindes geht und steht dabei neben ihrer Schwiegermutter. Beide Frauen streuen eine Linie aus geheiligtem Maismehl, welche den geraden Weg des Lebens für dieses Kind symbolisieren soll. Dann wird das Kind der Sonne vorgestellt, die im Glauben der Zuni eine zentrale Stellung einnimmt.

An diesem zehnten Morgen nach der Geburt werden auch die Eltern des Kindes in dem Sud der Yucca-Pflanze gebadet; die Mutter mit ihrem ganzen Körper, der Vater nur mit seinem Kopf. Dann kommen die näheren Verwandten des Vaters und der Mutter im Haus des Kindes zusammen, wobei jede Frau aus der Verwandtschaft des Vaters als Geschenk eine kleine

Decke mitbringt. Es findet ein Fest statt, das die Mutter der jungen Frau leitet. Am Ende dieses Festes wird das Kind zum Haus seiner Großmutter väterlicherseits getragen. Dort wird es dem Großvater vorgestellt, der mit Gebeten zur Sonne Segen auf das Kind herabfleht (vgl. Tilly E. Stevenson, S. 545 bis 547).

Dieses nun ist der Tag

Unser Kind.
In das Tageslicht
wirst du hineingehen.

In der Vorbereitung für deinen Tag
haben wir unsere Tage verbracht.

Unser Kind, dieses ist dein Tag.
Möge dein Weg Erfüllung finden
und bis zur Höhe der Sonne reichen.

Wenn dein Weg erfüllt ist,
laß uns in deinen Gedanken leben
mit diesem Ziel:
Mögest du uns allen helfen,
unseren Weg zu Ende zu gehen.

(Weihegebet für ein Kind bei den Zuni)

Meine Sonne!
Mein Morgenstern!

Helft diesem Kind, ein Mann zu werden!
Ich nenne es

        Fallender Tau des Regens!

Ich nenne es

        Berg der Sterne!

(Gebet zur Zeremonie der
Namengebung bei den Tewa-Pueblo)

Mutter und Patin begeben sich vor Sonnenaufgang auf das Dach des Hauses. Die Patin spricht dann dieses Gebet. Danach wirft die Mutter eine glühende Kohle und die Patin geweihtes Maismehl, beides Symbole des Lebens, vom Dach auf die Erde.

Oft ist bei Indianern die Natur selbst der Namengeber: Eine Apachenmutter, deren Sohn beim ersten Licht der Morgendämmerung geboren wurde, nannte ihn „Pfad des Morgens" ... Der Name des Dakota-Häuptlings „Spotted Tail" (= „Gefleckter Schwanz") hatte seinen Ursprung in der Freude des kleinen Jungen über den gefleckten Schwanz eines Waschbären.

(Hartley Burr Alexander)

Wiegenlied der müden Vögel

Die kleinen Vögelein sind ganz müde,
    sind ganz müde,
    sind ganz müde.

So schlaf auch du,
mein kleines Mädchen,
meine überzuckerte Spitzklette.

Kommt her, ihr müden Vögelein,
und schlummert auf ihren tiefen Äugelein,
so daß sie schläft den lieben langen Tag;
so daß sie schläft die liebe lange Nacht.

(Tewa-Pueblo)

Lebenspfad der Chippewa

Dieses Diagramm stellt den Lebensweg von der Kindheit bis ins hohe Alter dar. Die Tangente, die an jeder Biegung erscheint, bedeutet eine ‚Versuchung‘, d. h. einen Test der Stärke und der Motive, also des Charakters.

Es gibt sieben solcher Prüfungen.

Sie erscheinen immer dann, wenn der Lebensweg eine scharfe Biegung vollzogen hat.

(Nach Frances Densmore,
Chippewa Music, S. 24)

In jeder Flathead-Gemeinschaft fand man Hebammen, die bei der Geburt zur Hand gingen. Nachher erhielten sie ihren Lohn in Form von Nahrungsmitteln, Decken oder anderen Dingen, die bei den Flathead wertvoll waren. Die Familie des Vaters und die der Mutter gaben der Hebamme, was sie für richtig hielten.

Die Nabelschnur (die bei den Hopi um einen Hauspfosten gewunden und bei anderen Indianervölkern vergraben wurde) wurde bei den Flathead-Indianern in einem kleinen Beutelchen aufbewahrt, das man dann an der Tragewiege des Kindes über seinem Haupt befestigte. Dadurch sollte das Kind, wenn es erst mal laufen konnte, davon abgehalten werden, überall nach seiner Nabelschnur zu suchen. Flathead-Indianer fragten häufig ein Kind, das überall herumstöberte, ob es seine Nabelschnur suche (vgl. Harry Holbert Turney-High, S. 67).

Wenn Kinder laufen lernten, trugen sie das Beutelchen mit der Nabelschnur um ihren Hals – bis der Zeitpunkt kam, zu dem sie dieses Zeichen der Kindheit nicht mehr tragen wollten. Dann gaben die Jungen das Beutelchen ihren Müttern, die es für sie aufbewahrten; die Mädchen bewahrten es selbst auf. Auch wenn aus den Kindern Erwachsene geworden waren, wurde dieses Beutelchen nicht fortgeworfen. Vielmehr wurde es achtsam aufbewahrt, oftmals sogar über den Tod des Betreffenden hinaus.

Um das Überleben zu sichern

(Für meine Tochter „Regen der Morgendämmerung" –
„Rainy Dawn" – geboren am 5. Juli 1973)

Du kommst hervor
in der Farbe einer Felsenklippe
zur Zeit der Morgendämmerung,
im Farbspiel
von blau bis rot,
in allen Farben der Erde.

Großmutter Spinne spricht
von Lachen und Wachsen,
vom Verweben der Dinge,
von ihrem Zusammenreihen,
um sich in Lebendiges zu kleiden;
alles dieses, alles dieses.

Du kommst heraus, Kind,
nackt wie der Fels bei Sonnenaufgang,
ganz unbedeckt,
nur mit Flecken vom Blute deiner Mutter.
Du blinzelst mit den Augen
und versuchst, den Atem anzuhalten.

In fünf Tagen werden sie kommen,
sie werden singen und tanzen,
sie werden Geschenke bringen.
Die Sterne werden sprechen,
die Pflanzen werden läuten.
Sie werden kommen.

Kind, sie werden kommen.

(*Simon J. Ortiz, Pueblo*)

Kitzichta – Lied der Lanzenzeremonie

Bei den Pawnee-Indianern besteht die Überzeugung, daß die Männer des Lanzenbundes alle tapfere Krieger sind, die sich nicht vor dem Tod fürchten. Eines Tages wurde während der Tanzzeremonie dieses Männerbundes im Dorf ein Junge geboren. Da sagte die junge Mutter zu ihrem geliebten Kind:

„Wenn du groß bist, so schließe dich nicht diesem Bund an, damit du nicht getötet wirst; denn diese Männer fürchten den Tod nicht."

Einer der tapferen Männer des Bundes hörte diese Worte der Frau an ihren Sohn und berichtete den anderen darüber.

Da sagte einer von ihnen:

„Wohin will die Frau ihren Sohn schicken, daß er dem Tod nicht begegnet? Alle Menschen müssen sterben; jeder Mensch muß eines Tages dem Tod begegnen."

Darauf verfaßten die Mitglieder des Lanzenbundes dieses Lied, das nun bei ihren Zeremonien gesungen wird. Die warnenden Worte der jungen Mutter an ihren Sohn waren ein Beweis, daß alle Leute wußten: Krieger des Lanzenbundes fürchten den Tod nicht. Aber die tiefere Bedeutung des Liedes liegt in der Erwiderung: „Wohin will die Frau ihren Sohn schicken, daß er dem Tod nicht begegnet? Alle Menschen müssen sterben."

Kitzichta	Lied der Lanzenzeremonie
Nari-ru-rit riwaka	Dieses Wort – dort gehört,
Nari-ru-rit riwaka	dieses Wort – dort gehört;
Tzapat tiwaku	es war eine Frau, die sprach:
Taku kaki nariksha	Beachte nicht die Männer, die tanzen;
Kitzichta ra huriwi	niemals, mein Sohn, für dich die Lanze."
Nari-ru-rit riwaka	Dieses Wort – dort gehört.

(Natalie Curtis)

Als Ruhezeit für eine Frau nach der Geburt eines Kindes galten bei den Flathead zwei Tage als hinreichend, drei Tage als reichlich.

Danach übernahm die Mutter die volle Verantwortung für ihr Kind.

Ein Medizinmann wurde nur selten bei einer Geburt zu Hilfe gerufen. Doch es gibt folgenden Bericht über die Hilfe eines Schamanen in einer schwierigen Situation:

„Eine junge Frau, die zum erstenmal schwanger war, wurde von einem Pferd verletzt, so daß das Kind in ihr abstarb. Es gelang ihr aber nicht, den toten Embryo abzustoßen; vielmehr kränkelte sie mehr und mehr, so daß ihr Mann sich schließlich Sorgen um ihr Leben machte. Er setzte sie auf ein Pferd und nahm sie mit zum Haus eines berühmten Schamanen. Dieser Mann stellte schnell die richtige Diagnose und erkannte, daß er das tote Kind dazu bringen mußte, den Leib der Mutter zu verlassen.

Daraufhin bat er seine Frau, für die junge Frau zu sorgen. Er bestrich sein Gesicht mit Farbe, füllte seine Pfeife und rauchte eine Zeitlang. Dann bereitete er ein Feuer aus ‚sweet grass‘ und hielt seine Hände über die Glut. Als diese gründlich geräuchert waren, ging er zu der kranken Frau, legte ihr seine Hände auf den Kopf und massierte den Rauch vorsichtig in ihre Kopfhaut. Die Folge war, daß sofort die Totgeburt erfolgte. Der Schamane wurde hoch gerühmt, daß er das Leben der jungen Frau gerettet habe" (Harry Holbert Turney-High, S. 70).

Gleich nach der Geburt wurde bei den Makah-Indianern der Körper des Säuglings massiert, „solange die Knochen noch weich waren". Nach dem folgenden Bad wurde das Kind in eine gewebte Wiege gelegt, in der es etwa vier Tage blieb. Dabei wurde ihm die Körperhaltung gegeben, die es auch vor der Geburt eingenommen hatte, „damit der Übergang allmählich erfolgte" (vgl. Frances Densmore, Nootka and Quileute Music, S. 213-215).

Bei den Makah-Indianern galt: In der Nähe eines kleinen Kindes sollte jeder Erwachsene sich zufrieden und heiter zeigen. Andernfalls – so hieß es – könnte das Kind den Mut zum Leben verlieren und sterben. Man sprach auch davon, daß ein Säugling sterben würde, wenn seine Eltern miteinander stritten oder sich voneinander trennten. Die Alten des Stammes hielten ein Kind nie einfach still im Arm, sondern sie sprachen immer zu dem Kind oder über das Kind. Der Körper des Kindes wurde durch Massage, Bad oder anderes aufwendig gepflegt, damit er gerade und gut proportioniert heranwachsen würde.

Die Männer des Stammes waren Kindern sehr zugetan, und es gab besondere Lieder, die Männer zu Hause für die Kinder sangen. Dann nahm ein Mann etwa ein Kind hoch, tanzte mit ihm und sang dabei. Hierdurch sollte das Kind gelenkig werden; deshalb behielt man diese Sitte bei, bis das Kind selbst tanzen konnte.

Wie eine Feder in der Luft

Meine Mutter gab mir das Sein
      Ay!
Inmitten einer Regenwolke
      Ay!
So daß ich weinen würde wie der Regen
      Ay!
So daß ich tanzen würde wie eine Wolke
      Ay!
Unterwegs von Tür zu Tür
      Ay!
Wie eine Feder in der Luft
      Ay!

(Quechua)

Geschichte vom kleinen Hasen Wash-Ching-Geka

Wash-Ching-Geka, der kleine Hase, lebte bei seiner Großmutter und erledigte sein Tagewerk. Seine Großmutter war die Erde, und sie war sehr weise. Sie kochte für den kleinen Hasen, nährte ihn und sorgte in jeder Weise für ihn. Während er nun über die Erde hin und her hoppelte, um zu sehen, welche Arbeit er noch zu erledigen hatte, fand Wash-Ching-Geka einen engen Pfad, auf dem ein riesiges Wesen seine Spuren hinterlassen hatte.

„Ich muß herausfinden, was dies ist", sagte er; „vielleicht ist es ein großes Tier, das über die Menschen dahintrampeln und sie töten wird."

Deshalb blockierte er den Pfad mit Bäumen und Steinen. Doch als er das nächste Mal vorbeikam, oh weh!, da war das große Wesen einfach durch sie hindurchgestürmt.

Darauf ging der kleine Hase zu seiner Großmutter und erzählte ihr davon. Da machte sie ihm ein Netz, welches er über den Pfad spannen konnte.

Am nächsten Tag hörte er jemanden laut rufen und dieses Lied singen:

> „Wash-Ching-Geka, laß mich los, ich rufe;
> Wash-Ching-Geka, laß mich los, ich rufe!
> Deine Onkel und deine Tanten,
> Alle die Menschen in der Welt,
> Oh, was werden sie jetzt machen!
> Was werden, was werden sie jetzt machen!
> Wash-Ching-Geka, laß mich los, ich rufe;
> Wash-Ching-Geka, laß mich los, ich rufe!"

Nun, wer war es, den Wash-Ching-Geka gefangen hatte? – Kein anderer als die Sonne! Denn die Sonne schritt jeden Tag

über diesen engen Pfad, und nun saß sie fest in Wash-Ching-Gekas Netz.

„Geh du und befreie sie!" rief die Großmutter, und sie schimpfte mit dem kleinen Hasen und schlug ihn mit ihrem Rohrstock auf den Kopf. „Was sollen alle deine Onkel und Tanten, alle die Menschen in der Welt ohne die Sonne machen? Geh, laß sie los!"

So ging Wash-Ching-Geka und versuchte, das Netz zu lösen. Aber die Sonne war so heiß, daß der kleine Hase sich ihr nicht mit seinem Gesicht nähern konnte. Er mußte sich umdrehen und seinen Kopf abwenden. Deshalb wurde sein Hinterteil dabei so versengt und verbrannt, daß die Haut der Hinterläufe des Hasen bis auf den heutigen Tag empfindsam und sehr verletzlich ist.

(*Winnebago*)

Natürlich nimmt die ganze Familie an dem neugeborenen Kind intensivsten Anteil, zentriert sich sozusagen neu um dieses Kind. „Die ganze Familie versteht es so, daß sie die Blume der Geburt – also das neugeborene Kind – mit Liebe und Fürsorge ‚gießen' und ‚bewässern' muß" (Victor Sarracino).

Bei den Pueblo-Indianern ist es Sitte, daß am fünften Morgen nach der Geburt der Medizinmann kommt und zwei Adlerfedern für die Mutter und das Kind ausbreitet. Dazu betet er, daß das Kind von geistigen Dingen erfüllt sein möge und stark werde. Daraufhin führt er die Mutter und das Kind durch die Tür nach draußen, um der aufgehenden Sonne zu begegnen. Dabei werden Gebete gesprochen, Mutter und Kind werden mit dem Blütenstaub des Maises gesegnet und das Kind bekommt einen Namen. Die Namengebung gilt als eine Identifizierung des Kindes nicht nur vor den Menschen, sondern auch vor der geistigen Wesenheit des Universums.

Bei den Pawnee-Indianern wurde ein Kind kurz nach der Geburt dem Morgenstern geweiht, und es wurde in eine Wiege gelegt, die auch mit einem Bild des Morgensterns geschmückt war. Sowohl körperlich wie geistig lebte das Kind auf dem, ‚Cradle Board' (der kennzeichnenden indianischen Tragewiege) in einer Umgebung, in der alle natürlichen Dinge eine übernatürliche Bedeutung besaßen. Wenn das Kind nach oben schaute, sah es die runde Kuppel der Hütte, die eine Nachahmung der Himmelskuppel darstellte. Wenn es sich umschaute, sah es die Stützpfeiler, die den Sternen nachgebildet waren. Wenn es nachts durch die Rauchöffnung schaute, sah es die helleren Sterne, die auf Haus und Menschen herniederschienen. Da die Türöffnung immer nach Osten gerichtet war, konnte das Kind in der Frühe den Morgenstern erblicken. Schließlich war die kreisrunde Form der Hütte ein Abbild des Horizontes draußen. So erfuhr sich das Kind von Anfang an und tief in seinem Unterbewußtsein als ein Wesen, das in einem kosmischen Gefüge geborgen ist. Wenn das Kind dann in die Mythen und Legenden der eigenen Vergangenheit hinein-

wuchs, dann trugen auch diese inneren Erlebnisse dazu bei,
die Erfahrung der Geborgenheit in einem sinnvollen Ganzen
zu verstärken (vgl. Ray A. Williamson, S. 312f.).

Indianisches Wiegenlied

Die Erde ist deine Mutter,
    sie umfängt dich.

Der Himmel ist dein Vater,
    er beschützt dich.

Schlafe,
schlafe.

Regenbogen ist deine Schwester,
    sie liebt dich.
Der Wind ist dein Bruder,
    er singt für dich.

Schlafe,
schlafe.

Wir sind immer beieinander.
Wir sind immer beieinander.

Es gab niemals eine Zeit,
als dieses
nicht so war.

(Leslie M. Silko, Pueblo)

Hopi-Schlaflied

Puva – puva – puva.
Schlaf – schlaf – schlaf.

Hohoyawu – Hohoyawu
Käfer – Käfer

Shuhpo Pave-e
auf dem Wege

Na – ikwiokiango.
schlafen, einer auf dem Rücken des anderen.

Puva – puva – puva.
Schlaf – schlaf – schlaf.

Dieses ist eins der ältesten Hopi-Wiegenlieder. Es wird in vielen Hopi-Dörfern gesungen, und vielleicht gibt es kaum einen Hopi, der nicht gelegentlich mit dem Refrain puva – puva (schlaf – schlaf) in den Schlaf gesungen worden ist.

Die Mutter bindet ihr Kind zum Schlafen auf eine Tragewiege. Dann befestigt sie Wiege und Baby auf ihrem Rücken, wiegt sich hin und her und wird so selbst zu einer lebendigen Wiege. Während sie so das Kind in den Schlaf wiegt, singt sie dieses alte Wiegenlied.

Das Lied erzählt von Käfern, die auf ihrem Weg schlafen. Bei den Hopi tragen bei heißer Sonne Käfer einander auf dem Rücken. Die Hopi sagen: „Die Käfer sind blind, sie schlafen." Deshalb soll auch das Kind auf dem Rücken der Mutter seine Augen schließen.

(Natalie Curtis)

Ritus der Namensgebung

Ich bin eine Person,
> die als ein Symbol verstanden werden kann.
Wahrlich, mein Wesen dauert fort
> inmitten der wirbelnden Wasser.
Wahrlich, ich bin eine Person,
> die ihren Körper aus den Wassern gebildet hat.

Schau, die rechte Seite des Flusses,
> aus der ich die rechte Seite meines Körpers geformt
> habe.
Wenn die Kleinen mich zum Vorbild nehmen
> und die rechte Seite des Flusses benutzen,
>> um ihre Körper zu bilden,
> dann wird die rechte Seite ihrer Körper
>> frei sein von jeder Veranlassung des Todes.

Wenn die Kleinen aus ihm
> auch die linke Seite ihrer Körper bilden,
> dann wird die linke Seite ihrer Körper
>> stets frei sein von jeder Veranlassung des
>> Todes.

Schau, das Bett des Flusses,
> aus dem ich die Höhlung meines Körpers geformt
> habe.
Wenn die Kleinen mich zum Vorbild nehmen,
> dann soll die Höhlung ihrer Körper
>> stets frei sein von jeder Veranlassung des
>> Todes.

(Osage)

Dieser Text aus den Riten der Osage hat große symbolische Kraft ... Er ist Teil einer Zeremonie; durch diese wird das Kind in Berührung gebracht mit den stets fließenden Wassern, mit dem roten Zedernbaum (einer unverwüstlichen Pflanze) und mit dem lebenspendenden Mais – alles Symbole, die das Kind in seinem zukünftigen Wachstum geleiten sollen.

(A. Grove Day)

Bei den Omaha-Indianern galt das neugeborene Kind erst dann als Mitglied der Familie, des Stammes und des ganzen Universums, wenn es in einer Zeremonie von einem heiligen Mann oder einer heiligen Frau des Volkes allen Kräften der Natur vorgestellt und anempfohlen worden war. Dieses geschah am achten Tage nach der Geburt. Dabei nahm der Priester oder die Priesterin das Kind in seine/ihre Hände, wandte sich nach Osten, dem Beginn der Tage und Jahre, zu und sang mit zum Himmel geöffneten Händen das folgende Gebet. Darin wird das Kind gesehen als ein Wanderer auf der rauhen Straße über die vier Hügel des Lebens, nämlich Kindheit, Jugend, Erwachsenenzeit und Alter. Für diese gefährliche Reise wird das Kind den Kräften des Himmels, der Luft und der Erde vorgestellt und ihrem Schutz anempfohlen. Solch ein Ritus ist offensichtlich dem christlichen Taufritus verwandt. Es ist ein priesterlicher Akt und stellt eine Bitte im Namen des Kindes und eine Heiligung seines Lebens dar:

Ho ihr Sonne, Mond und Sterne,

alle ihr, die ihr euch in den Himmeln bewegt,
bitte hört mich,
in eure Mitte ist ein neues Leben gekommen;
nehmt es auf bitte,
macht seinen Weg eben,
so daß es erreichen möge
den Rand der ersten Anhöhe.

Ho   ihr Winde, Wolken, Regen, Nebel,
alle ihr, die ihr euch in der Luft bewegt,
bitte hört mich,
in eure Mitte ist ein neues Leben gekommen;
nehmt es auf bitte,
macht seinen Weg eben,
so daß es erreichen möge
den Rand der zweiten Anhöhe.

Ho   ihr Hügel, Täler, Flüsse, Seen, Bäume, Gräser,
alle ihr von der Erde,
bitte hört mich,
in eure Mitte ist ein neues Leben gekommen;
nehmt es auf bitte,
macht seinen Weg eben,
so daß es erreichen möge
den Rand der dritten Anhöhe.

Ho   ihr Vögel groß und klein,
die ihr fliegt in der Luft.
Ho   ihr Tiere groß und klein,
die ihr wohnt in den Wäldern.
Ho   ihr Insekten,
die ihr kriecht zwischen den Gräsern
und euch in den Boden grabt,
bitte hört mich,

in eure Mitte ist ein neues Leben gekommen;
nehmt es auf bitte,
macht seinen Weg eben,
so daß es erreichen möge
den Rand der vierten Anhöhe.

Ho   alle ihr von den Himmeln,
alle ihr von der Luft,
alle ihr von der Erde,
bitte hört mich,
in eure Mitte ist ein neues Leben gekommen;
nehmt es auf,
nehmt es alle auf bitte,
macht seinen Weg eben,
dann wird es wandeln
über die vier Anhöhen hinaus.

*(Gebet eines heiligen Mannes
der Omaha-Indianer nach der
Geburt eines Kindes)*

Anlaß für eine rituelle Feier waren bei vielen Indianerstämmen die Zeiten der Namengebung. Mädchen behielten ihren ersten Namen meistens das ganze Leben hindurch. Bei Jungen dagegen wurde der Übergang in einen neuen Lebensabschnitt häufig mit einem neuen Namen verbunden.

Wenn ein Omaha-Kind seinen Baby-Namen ablegte, weil es nun laufen konnte, dann wurde der neue Name des Kindes den versammelten Menschen und dem Universum laut mit folgenden Worten verkündet:

Die Hügel, das Gras, die Bäume;
die kriechenden Wesen groß und klein;
ich bitte euch, hört!
Dieses Kind hat seinen Babynamen abgelegt.
Ho!

(A. Fletcher/F. LaFleche)

Die Namengebung erfolgte bei den Flathead in folgender Weise: Etwa zwei Wochen nach der Geburt luden die jungen Eltern eine kleine Gruppe geachteter älterer Leute zu einem Fest ein. Die Eltern setzten ihnen die Nahrung vor, zogen sich dann aber zurück. Nach dem Essen gingen die alten Leute eine Reihe geeigneter Namen durch. Sie wählten dann einen Namen aus, der häufig der eines berühmten Kriegshelden oder der eines verdienten Vorfahren war. Danach fragten die älteren Leute die Eltern des Kindes um ihre Meinung. Wenn der Name akzeptiert wurde, wurde er auf das Kind übertragen, und die älteren Leute verabschiedeten sich, nachdem sie noch Gebete für das Kind gesprochen hatten.

Es ist nun auffallend, daß bei den Flathead die mutterrechtliche Struktur auch bei der Namengebung durchscheint: In der Regel wurde ein Name aus der mütterlichen Familie gewählt. So war das Kind nicht nur durch seinen Clan, sondern häufig auch durch seinen Namen in besonderer Weise an die mütterliche Linie gebunden.

Solange die Kinder noch sehr klein waren, trugen die Mütter sie häufig eng am eigenen Körper; durch diese Nähe sollte dem Kind ein Gefühl der Sicherheit und Geborgenheit vermittelt werden.

Die Stillperiode konnte drei bis fünf Jahre oder manchmal noch länger dauern. Es war dann häufig nicht die Mutter, die das Kind entwöhnte, sondern das Kind „entwöhnte" die Mutter, indem es schließlich nur noch gelegentlich zum Trinken zu ihr kam, weil es andere Nahrung gefunden hatte, die ihm mehr zusagte. Diese ausgedehnte Stillzeit ist typisch für Naturvölker und wahrscheinlich ein Aspekt der gelassenen Großzügigkeit, die man bei vielen Indianervölkern beobachtet hat und die auch ein wichtiges Erziehungsziel in vielen ihrer Gemeinschaften war und ist.

Bei den Flathead dauerte es mindestens drei Jahre, manchmal länger, bis Kinder entwöhnt wurden. Es heißt sogar, daß Kinder von der Schule nach Hause kamen und gestillt werden

Tutukyawyamu

Kleine Präriehunde,
kleine Präriehunde
kommen zusammen, kommen zusammen.

Kleine Präriehunde,
kleine Präriehunde
kommen zusammen, kommen zusammen.

Sie tragen Kränze,
sie tragen Kränze
aus den Blüten der Kugelranunkel.

Ihre Dunghäufchen (sind) wie Pfeiler,
ihre Dunghäufchen (sind) wie Kugeln.

Ihre Dunghäufchen (sind) wie Pfeiler,
ihre Dunghäufchen (sind) wie Kugeln.

Ni', ni', ni', ni'.

(Hopi; Version der Helen Sekaquaptewa)

Für die Hopi symbolisieren Tiere menschliche Eigenschaften,
und sie belehren die Menschen zugleich über die Einheit und
Unversehrtheit der Natur. Die Erwähnung von
Körperausscheidungen verrät eine weniger beengte Sicht der
Körperfunktionen als in den gegenwärtigen euro-ameri-
kanischen Gesellschaften. Die letzte Zeile ist onomatopoe-
tisch, denn sie imitiert die hohen piepsenden Laute der
Präriehunde.

(Nach: K. Sands und Emory Sekaquaptewa)

Cradle Song – Wiegenlied

Wenn ich ein Mann bin, dann werde ich
ein Jäger sein, Vater!

Ya ha ha ha.

Wenn ich ein Mann bin, dann werde ich
ein Harpunenwerfer sein, Vater!

Ya ha ha ha.

Wenn ich ein Mann bin, dann werde ich
ein Kanubauer sein, Vater!

Ya ha ha ha.

Wenn ich ein Mann bin, dann werde ich
ein Zimmermann sein, Vater!

Ya ha ha ha.

Wenn ich ein Mann bin, dann werde ich
ein Mechaniker sein, Vater!

Ya ha ha ha.

Darum werden wir nicht arm sein, Vater!

Ya ha ha ha.

(Kwakiutl)

Kwakiutl Wiegenlied

Das Kwakiutl-Baby hängt in seiner Wiege (cradle board) an einem Querbalken in einer Ecke des Hauses. Eine Kordel ist an der Wiege befestigt, und die Mutter wiegt ihr Kind, indem sie an der Kordel zieht. Hin und her schwingt die Wiege, hin und her, während die Mutter ein Wiegenlied singt.

Manchmal hängt die Wiege an einem langen Pfahl, dessen unteres Ende schräg im Boden befestigt ist. Die Mitte des Pfahls ruht auf einem gabelförmigen Stab, der senkrecht in der Erde steht. Die Wiege hängt an dem freien und beweglichen Ende des Pfahls. Doch anstatt hin und her zu wiegen, schwingt sie auf und ab, wenn die Mutter an der Kordel zieht – auf und ab, auf und ab, während die Mutter ein Wiegenlied singt.

(Natalie Curtis)

Bei Indianern hat nahezu alles im Leben nicht nur eine vordergründig-praktische, sondern auch eine hintergründig-symbolische Bedeutung. Das gilt zum Beispiel auch für die bei vielen Indianervölkern in der Vergangenheit so beliebte Tragewiege aus Holz (cradle board). Sie wurde in der Regel aus einem bestimmten Holz hergestellt und gilt als Ausdruck der Verbindung zwischen Mensch und Natur. Die runden Bänder, die den Kopf des Kindes schützen, repräsentieren den Regenbogen, und Indianer denken gern, daß das Kind immer diesen Regenbogen sieht, wenn es von jemandem angesprochen wird. Die Bänder, mit denen das Kind an das Cradle Board gebunden wird, symbolisieren regenbringende Blitze; das Fell auf den Brettern symbolisiert Wolken. Die ganze Wiege schließlich ist bei Pueblo-Indianern ein Bild eines Türkissteines, der in ihrer Kultur eine wichtige Rolle spielt. Das Kind liegt also auf einem Bett von Türkis.

Bei den Pawnee-Indianern wurde die Wiege (cradle board) des „Morning Star"-Clans so beschrieben: Über dem Kopf des Kindes, an der Spitze des Brettes, befinden sich Zeichnungen des Morgensterns, einiger Pfeilspitzen und des Regenbogens. Die Zeichen bedeuten, daß das Kind unter dem Schutz des Morgensterns steht und daß es von den Mächten des Westens, repräsentiert durch den Regenbogen, bewacht wird. An jeder Seite der Zeichnung auf der Wiege ist ein Perlenmuster angebracht, das von Pawnee-Frauen gemalt wurde (Natalie Curtis, S. 103).

Schlaflied für ein Kind
auf einem cradle board

Schlaf ein,
mein Kind.

Du liegst auf diesem schönen Umhang
von Türkisen,
und der Regenbogen
steht über deinem Kopf.

Darum schlaf gut.

(Laguna-Pueblo)

Warum weinst du,

mein Kind?

Du schläfst in dieser Türkiswiege,
und ich bringe dir
diese schönen Blumen.

Darum schlaf wieder ein.

(Laguna-Pueblo)

Navajo sagen: *Das Kopfband einer Wiege ist der Regenbogen; die Schnüre sind die Sonnenstrahlen; die Schlaufen, durch welche diese gezogen werden, sind die Blitze; die Decken sind die Wolken, und das Fußbrett stellt kurze Regenbögen dar.*

Dieses Cradle Board sah in der Regel etwa folgendermaßen aus:

Ein Brett von etwa dreiviertel Meter Länge und 30 Zentimeter Breite war mit Nägeln verziert, die einen offenen Sack hielten, der wiederum mit Schnüren geschlossen werden konnte. In diesen Beutel wurde das Kind gelegt und darin festgebunden. Über dem Kopf des Kindes war ein hölzerner Bügel so befestigt, daß das Kind beim Fallen der Wiege keinen Schaden nehmen konnte. An diesem Bügel wurde aber auch häufig allerlei Spielzeug aufgehängt, um das Kind damit zu unterhalten.

Dieses Cradle Board konnte leicht von der Mutter auf der Schulter getragen oder – wenn sie arbeiten mußte – an einen Baum gestellt oder auch an einen Ast gehängt werden. Der leiseste Luftzug schaukelte dann das Kind hin und her, das alles überblicken und sich als Teil des Geschehens fühlen konnte.

„Aber es gibt da noch etwas anderes, auf das die Navajo hinweisen: Ihr weißen Leute legt eure Kinder auf den Rücken in ein Bettchen in einem eigenen Zimmer. Alles, was sie also zu sehen bekommen, ist die flache Decke und viele gerade Linien. Wir befestigen unsere kleinen Kinder auf einem Wiegenbrett; so tragen wir sie, und so befinden sie sich in derselben räumlichen Höhe wie die Erwachsenen. Wenn unsere Babys also umherschauen, so sehen sie nichts, was wie eine Zimmerdecke aussieht; sie sehen andere Leute. Mit anderen Worten, sie wachsen auf, indem sie dieselben Dinge von der gleichen Position aus sehen wie Erwachsene.

Und tatsächlich kann man zu einem Navajo-Kind von fünf oder sechs Jahren sprechen wie zu einem Erwachsenen" (Barre Toelken, amerikanischer Ethnologe, im Jahre 1980).

Der Sioux-Indianer Charles Alexander Eastman berichtet

in seiner Lebensgeschichte (Ohiyesa, S.15), was seine Großmutter ihm später über seine Zeit auf einem solchen Cradle Board berichtete:

„... daß ich bei solchen Gelegenheiten oft allerlei Unterhaltungen in unbekannter Sprache mit Vögeln und Eichhörnchen geführt hätte. Einmal schlief ich in meiner Wiege, die etwa ein bis zwei Meter über der Erde schwebte, ein, während meine Großmutter Birkenrinde für ein Kanu sammelte. Ein Eichkätzchen vergnügte sich damit, auf den Bügel meiner Wiege zu klettern, eine Nuß zu knabbern, mir die Reste der Mahlzeit ins Gesicht fallen zu lassen und mich damit aufzuwecken. Ich schrie so jämmerlich, daß es schnell auf einen anderen Zweig floh; von dort aus schalt es mich heftig, worauf ich mit weiterem Geschrei antwortete. Endlich eilte meine Großmutter mir zu Hilfe und jagte den frechen Eindringling fort. Und wie oft ließen sich auch Vögel traulich auf meiner Wiege nieder!"

Die Tragewiege war praktisch bei allen indianischen Völkern verbreitet. Heute könnte man sagen, daß sie der Vorläufer der jetzt so beliebten Kleinkind-Tragevorrichtungen war. Stil und Schmuck der Cradle Boards waren von Stamm zu Stamm unterschiedlich, aber alle boten einen festen Schutzrahmen, in dem sich ein Kind sicher und geborgen fühlen konnte, „während für die Mutter auf diese Weise ein handliches Bündel entsteht, in dem sie das Kind auch während der Arbeit bei sich tragen kann" (Erik Erikson, S. 133).

Kein Wunder, daß manche Kinder eine große Anhänglichkeit an das Cradle Board entwickelten und diese auch beibehielten, wenn sie schon laufen konnten. Eine Apachen-Mutter berichtete: Immer wenn ihr kleines Kind müde oder verstimmt war, holte es sich das Cradle Board herbei.

Und die Navajo sagen: Wenn ein Kind aus dem Wiegenalter herausgewachsen ist, die Mutter aber die Tragewiege fertig stehenläßt, so bittet sie um ein weiteres Kind. Deshalb wird sie sehr bald, nachdem das vorhergehende Kind die Wiege verlassen hat, mit einem neuen Kind gesegnet sein.

Cradle Song

Von welchem Ort bist du herabgekommen?

Von welchem Ort bist du herabgekommen?

Von welchem Ort bist du herabgekommen?

Von der Spitze des Lachsbeerbusches, von dort
    bist du herabgekommen, bist herabgekommen,
    bist du herabgekommen, bist herabgekommen.

(Haida)

Dieses Lied wurde während der Jessup-Nord-Pazifik-Expedi-
tion im Winter 1900-1901 gesammelt.

(Brian Swann)

Schlaflied der Cheyenne

Liebes Kind, schlafe ein, schlummere ...

Go to sleep,
Baby dear,
slumber,
Baby ... sleep ...

Sleep,
Baby sleep ...

Baby dear,
slumber,

Baby ... sleep ...
Sleep;

sleep ...
Baby ... sleep ...

Sleep,
Baby ... sleep ...

Baby dear,
slumber
Baby ...
sleep ...

(Natalie Curtis)

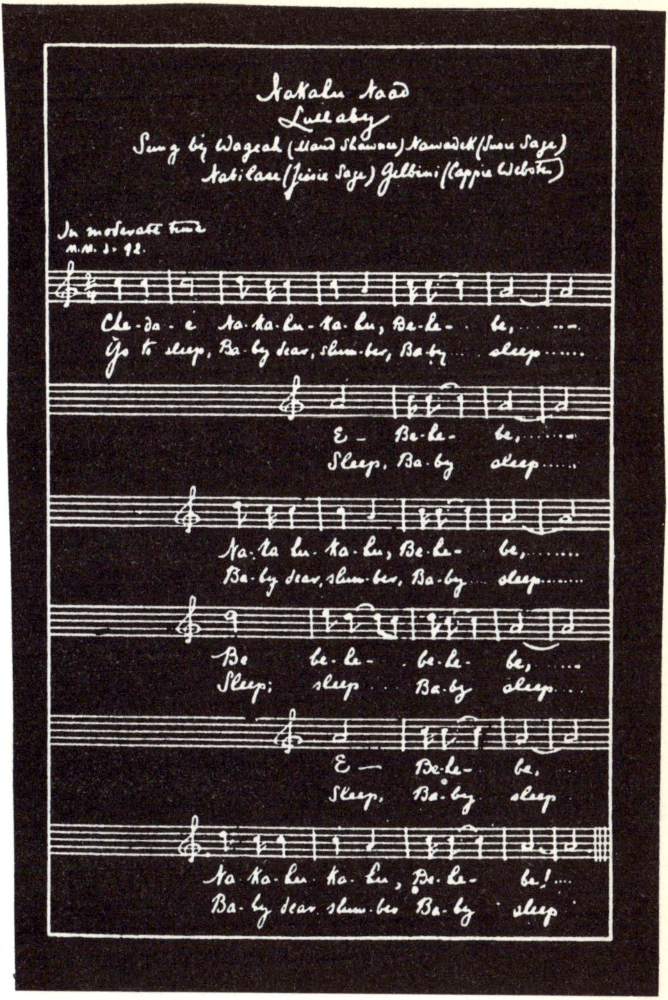

(Natalie Curtis, The Indians' Book, S. 165)

Wiegenlied der Cheyenne
gesungen von Wihunake (Chief Woman)

Kleines, liebes Baby,
  he – ye;

müdes, kleines Baby,
  A – ha, h'm.

Little good baby,
  he – ye;

sleepy little baby,
  A – ha, h'm.

(Natalie Curtis)

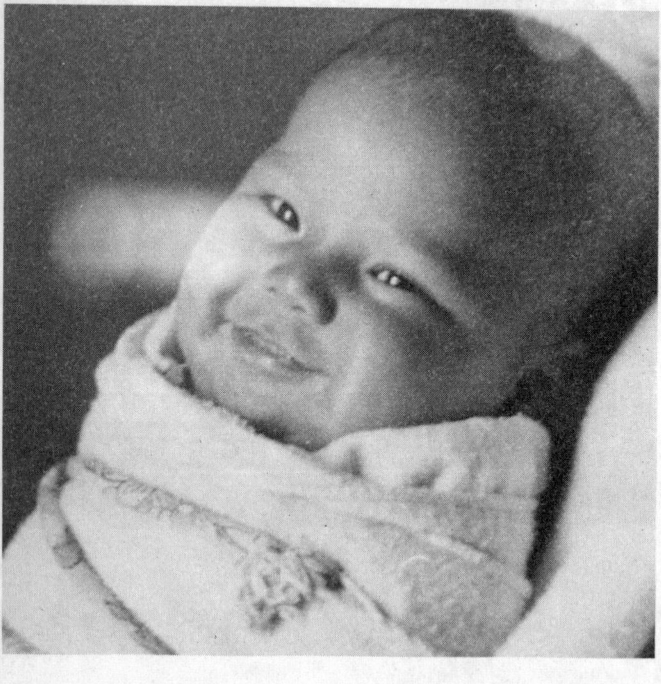

Die Crow-Indianerin Pretty-Shield erzählte einmal die aufregende Geschichte, wie sie als junges Mädchen ein Cradle Board samt Kind verlor:

Es war Sommer, und das ganze Dorf zog mit allen Habseligkeiten zu einem neuen Zeltplatz. Menschen und Pferde zogen über die Prärie und wirbelten eine riesige Staubwolke auf. Eine Gruppe von zehn jungen Mädchen folgte dem Hauptzug in einiger Entfernung. Als die Mädchen zu einem Fluß kamen, unterbrachen sie ihren Ritt und gingen schwimmen. Dort trafen sie eine Frau aus ihrem Dorf, die außer ihrem Reitpferd noch ein Packpferd führte und deshalb den Anschluß an die Hauptgruppe verloren hatte. Das Packpferd trug unter anderem ein Cradle Board mit dem kleinen Kind der Frau. Da die Frau in Eile war, boten die Mädchen ihr an, Packpferd und Kleinkind zu übernehmen und langsam nachzukommen.

Die junge Mutter nahm das Angebot an und ritt voran. Die Mädchen hatten natürlich ihren Spaß an dem Kind, spielten mit ihm und achteten nicht auf die Zeit. Als die Sonne schon fast unterging, wurde ihnen plötzlich bewußt, welche Strecke sie noch zurückzulegen hatten und wie gefährlich es für sie werden konnte. Sie banden also das Kind wieder auf das Cradle Board und befestigten dann beide auf dem Packpferd. Dann ritten sie los, um den Haupttrupp einzuholen. Wegen der späten Stunde verfielen die Pferde bald in einen Galopp.

Pretty-Shield leitete das Packpferd mit dem Kind darauf und hatte nun ihrerseits Mühe, mit den anderen Mädchen Schritt zu halten. Sie schaute immer wieder zurück, ob das kleine Kind noch da sei und ob es noch in Sicherheit war, bis ihr Hals schmerzte. Als die Pferde galoppierten, dachte sie eine Zeitlang nicht mehr an das Kind. Plötzlich fiel es ihr wieder ein – sie schaute zurück: Das Kind war fort!

Sofort rief Pretty-Shield den anderen Mädchen zu, daß sie anhalten sollten. Es gab eine große Aufregung, Weinen und Schreien und gegenseitige Beschuldigungen. Außer sich vor Angst ritten die Mädchen zurück. Eine große Büffelherde kam

in Sicht, bewegte sich auf sie zu. Die Mädchen hatten Angst um ihr eigenes Leben; noch mehr fürchteten sie, daß das verlorene Kind unter die Hufe der Büffel geraten sein könnte.

Weiter und weiter ritten sie zurück, ohne ein Zeichen von dem Kind zu finden. Die Büffel hatten einen anderen Weg genommen. Schließlich, als die Sonne schon untergegangen war, trafen sie einige junge Männer ihres Stammes, die Jagd auf die Büffel gemacht hatten. Die Mädchen erläuterten ihre Notlage und baten um Hilfe. Die jungen Männer fanden die ganze Geschichte sehr erheiternd und drohten den Mädchen, daß sie für ihre Unachtsamkeit sicher mit dem Tode bestraft würden, wenn das Kind tot gefunden würde.

Schließlich aber kam heraus, daß die jungen Männer das Kind gefunden hatten. Schlafend und unversehrt hatte es mitten auf der Prärie in seinem Cradle Board gelegen. Pretty-Shield nahm es an sich, und gemeinsam erreichten sie in tiefer Dunkelheit den Haupttrupp. Die Mutter des Kindes war in großer Sorge und sehr böse auf die Mädchen.

Pretty-Shield schloß ihren Bericht mit den Worten: „Ich habe nie wieder versucht, ein Baby auszuborgen – und ich habe später auch nie eines verliehen" (nach F. Linderman, S. 65-70).

Lied der Leuchtkäfer

Glühwürmchen, umherhuschende Insekten!
Umherstreifende Tierchen!

Webt kleine Sterne um mein Bettchen.
Webt kleine Sterne in meinen Schlaf.

Komm, kleiner tanzender Leuchtkäfer!
Komm, kleines umherhuschendes Glühwürmchen!

Erleuchte mich mit deiner weißglühenden Magie,
mit deiner kleinen Sternenfackel.

(Ojibwa)

Wiegenlied

gesungen von O'Gabeä'Sino'Kwe

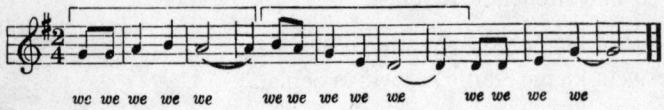

we we we we we   we we we we we   we we we we

(Chippewa)

Dies ist eins der wenigen Lieder, die von Frauen komponiert wurden. Worte werden nicht benutzt, es werden nur unentwegt die Silben „we-we" wiederholt.

We-we ist ein Wortstamm, dessen Bedeutung eine schwingende Bewegung impliziert ... Die Autorin hat häufig gesehen, wie eine Chippewa-Mutter ihr Baby, das noch in der Tragewiege (cradle board) festgebunden war ... in eine Hängematte legte und diese hin und her wiegte, bis das Baby einschlief. Dabei bestand die Hängematte einfach aus einer Decke, die durch einen Stock offengehalten wurde.

Wenn man dies es Lied langsam singt, ist sein Rhythmus sehr beruhigend.

(Frances Densmore,
Chippewa Music II, S. 241)

Wenn ein Kind zum erstenmal richtig lacht, ist das für die ganze Familie ein frohes Ereignis. Dieses wird häufig durch eine Feier begangen, bei der Geschenke verteilt werden. Der wichtigste Gegenstand dieses Verschenkens bei den Navajo ist Steinsalz. Dieses wird in ein Zeremonialkörbchen gelegt, und die anderen Geschenke werden daraufgepackt. Dann wird das Kleinkind hingesetzt, und seine Hand wird offen gehalten. Man nimmt dann etwas Steinsalz zusammen mit einem anderen Geschenk und berührt damit die innere Handfläche des Kindes. Diese Geschenke werden dann – gewissermaßen von dem Kind – an die Gäste verteilt.

Der Navajo-Indianer Hanley weiß genau, wie es mit seinem ersten Lachen war:

„Im Winter, als ich vier Monate alt war, wurde ich nach draußen in die warme Sonne getragen. Die Tiere kamen nach Hause. Ich sah zwei kleine Ziegenböcke. Sie bäumten sich auf und prallten dann mit ihren Hörnern aufeinander. Plötzlich lachte ich zum erstenmal. Sofort sagten meine Eltern, daß sie ein kleines Fest für mich veranstalten wollten.

Der Grund, warum man das beim ersten Lachen tut, ist, damit das Kind sich in Zukunft nicht selbstsüchtig verhält. So wurde eine Ziege geschlachtet, in Stücke geschnitten und diese dann an die Nachbarn verschenkt, die so die Nachricht von meinem ersten Lachen erhielten. Mit Hilfe der Erwachsenen verteilte ich selbst das Fleisch an die Leute. Dabei hielt ich die ganze Zeit das Steinsalz in eine meiner kleinen Hände gepreßt. Sofort danach machten die Menschen Feuer und begannen das Fleisch zu grillen. Dieses also wurde für mich getan."

Die Sonne kommt herauf.
Es ist Zeit,
hinauszugehen
und die Wolken anzuschauen.

(Yuma/Yaqui)

The sun is coming up.
It is the time
to go out
and see the clouds.

Der Busch
sitzt unter dem Baum
– und singt.

(Yuma/Yaqui)

The BUSH
is sitting under the tree
– and singing.

82

Ein Wiegenlied der Sioux

Lullaby

Sung by YELLOW HAIR

VOICE ♩ = 66
DRUM not recorded

a wa wa wa i-ni-na i-śti-ma-na a a wa wa

wa i-ni-na i-śti-ma-na a a wa wa wa wa i-

ni-na i-śti-ma-na a a wa wa wa wa i-ni-na i-śti-ma-na a

ini'la = sei ruhig
isti'mana = schlaf

Von diesem Schlaflied heißt es, es sei das einzige gewesen, das bei den Sioux gesungen wurde.

(Frances Densmore,
Teton Sioux Music, S. 493)

Wiegenlied der Chippewa

Wer ist das?
Wer ist das –
der da seine Augen leuchten läßt
von der Höhe meines Wigwams?

Ich bin es – die kleine Eule,
        ich komme
ich bin es – die kleine Eule,
        ich komme,
        hinab, hinab!

Bei den Omaha-Indianern gab es nicht nur eine Zeremonie kurz nach der Geburt eines Kindes, sondern auch dann, wenn ein Kind laufen konnte. Dadurch wurde das Kind endgültig in den Stamm aufgenommen und nahm in ihm seinen Platz ein. Für diese Zeremonie benötigte das Kind ein Paar neue Mokassins. Nach der Zeremonie wurde dann der Babyname des Kindes ‚fortgeworfen‘ und sowohl der Natur als auch den Menschen der neue Name verkündet.

Den neuen Mokassins kam bei den Omaha und einigen anderen Indianerstämmen eine besondere Bedeutung zu. Wenn solche Mokassins für Babys gemacht wurden, die erst noch das Laufen lernten, dann wurde ein kleines Loch in eine der Sohlen geschnitten. Der Zweck dieses Tuns war: Wenn ein Bote aus der Welt der Geister kommen sollte, um das Kind zu holen, so konnte es antworten: „Ich kann keine lange Reise unternehmen, meine Mokassins sind abgetragen." – Diese für uns überraschende Sitte ist/war also ein indirektes Gebet für ein langes Leben des Kindes.

Wenn ein Kind vier Jahre alt wird, wird es bei manchen Stämmen intensiver in die indianischen Traditionen eingeführt. Vier ist bei Indianern ohnehin eine heilige Zahl, und in diesem Alter beginnt bei einem Kind ein neues Verständnis für seine Welt. Bei den Pueblo-Indianern wird bei diesen Kindern mitten auf dem Kopf ein kleiner Ring von Haaren abgeschnitten – eine Art Fortführung der großen Fontanelle –, durch welche die Geistwesen dem Kind Weisheit vermitteln. Das Haar wird dann auf einen Berg gebracht und dort vergraben.

Nach diesem ersten Haarschnitt wird auf dem Kopf des Kindes eine weiche Adlerfeder befestigt, die nach vier Tagen wieder abgenommen und auf einer Bergspitze an den höchsten Wipfel eines immergrünen Baumes gebunden wird. Diese Feder dient dann als Botschafter zum höchsten Wesen und trägt die Bitten aller Gebete, die für das Kind gesprochen werden, zum höchsten Gott: Bitten, daß es ein fruchtbares und langes Leben haben möge wie die Bäume des Waldes; und daß es die

Weitsicht haben möge, die man von dem Gipfel dieses Berges und von der Spitze dieses Baumes hat. „In diesem Augenblick macht das Kind gewissermaßen ein Versprechen, alle Dinge der Natur in Zukunft zu beschützen: die Tiere, die Pflanzen, die Luft und alle Dinge der Natur, mit denen der Mensch in Berührung kommt" (Victor Sarracino in: Respect for Life, S. 45).

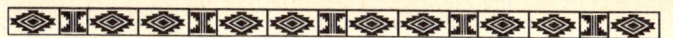

Rituallied
für ein Kind der Omaha-Indianer,
das laufen gelernt hat

Es wurden dem Kind neue Mokassins angezogen. Dann ließ
man das Kind vier Schritte machen, die als symbolischer Eintritt in ein langes Leben galten.

Gewendet durch die Winde geht das Kind,
das ich dorthin sende;
dorthin geht das Kind,
das gewirbelt wird durch die Winde;
es geht dorthin,
wo die vier Anhöhen des Lebens und die vier Winde stehen;
dorthin, in die Mitte der Winde, sende ich es;
in die Mitte der Winde sende ich es, die dort stehen.

(A. Fletcher/F. LaFleche)

Mutter zu ihrem Kind

Du kamest zu mir,
		kamest zu mir,
und nanntest mich Mutter,
		mich
		und nicht eine andere.

Kleines Häuptlingskind
		kam zu mir,
		nannte mich Mutter,

Mutter eines vornehmen Hauses,
		Mutter eines vornehmen Hauses.

(Tsimshiam)

Die Tsimshiam (an der Pazifikküste Kanadas) waren reich an Kunst – Skulptur, Drama, Musik, Dichtung. Sie waren bekannt für die Schönheit ihrer Lieder in Wort und Musik.

(Brian Swann)

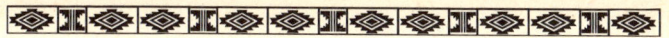

Rat einer Bärin an ihre Jungen

Wenn ihr hört,
wie die Jäger den Fluß hinuntergehen,
dann lauft den Fluß hinauf,
ohne euch sehen zu lassen.

Wenn ihr hört,
wie die Jäger den Fluß heraufkommen,
dann lauft zur Höhe des kahlen Berges,
ohne euch sehen zu lassen.

(Wiegenlied der Creek)

Natürlich vertiefen sich indianische Kinder ebenso in Spiele, wie es andere Kinder der Welt tun. Und diese Spiele bedeuten natürlich für indianische wie für alle anderen Kinder auch immer zugleich eine Vorbereitung auf das Leben als Erwachsene. Da nun die soziokulturellen Bedingungen der Erwachsenen in den verschiedenen Stämmen, Völkern und Kulturen sich voneinander unterscheiden, sind auch die Spiele der Kinder in verschiedenen Stämmen und Kulturen unterschiedlich. Doch immer erfüllen sie ähnliche Aufgaben, dienen ähnlichen Zwecken.

Bei den Kindern – vor allem den Jungen – zahlreicher indianischer Völker waren Brettspiele offensichtlich sehr beliebt. Entweder traten einzelne Kinder gegeneinander an, oder es spielte Gruppe gegen Gruppe. Dem Sieger winkte eine bestimmte Belohnung. Jeder versuchte deshalb, besser als alle anderen zu sein. Schwimmen, Ringen, Laufen, Stelzengehen, Rodeln (im Winter) oder auch Jagd auf kleinere Tiere gehörten vor allem bei den Prärie-Indianern zu den bevorzugten Tätigkeiten der Kinder – und „das Lieblingsspiel aller Indianerjungen: einen Baumstumpf mit dem Lasso zu treffen" (Erik Erikson, S. 116). Natürlich wurden die Spiele fast immer außerhalb der Häuser und Zelte veranstaltet.

Der Sioux-Indianer Ohiyesa erlebte die Jahre der spielenden Vorbereitung auf das Leben bei den Santee-Sioux in British Columbia zwischen 1860 und 1870. In seiner Autobiographie „An Indian Boyhood" (New York 1902) erinnert er sich unter anderem daran, wie er mit anderen Kindern ,Weißer Mann' und ,Büffeljagd' spielte (S. 52-56 und 86-95):

„Unser Wissen vom Bleichgesicht war begrenzt, aber wir hatten erfahren, daß er immer Dinge mitbrachte, wenn er kam, und daß unsere Leute Pelze für seine Waren eintauschten. Wir wußten auch, daß er eine helle Gesichtsfarbe hatte; daß er kurzes Haar auf dem Kopf und langes Haar in seinem Gesicht hatte und daß er Hose und Hut trug, sich also am Tage

90

nicht in Decken kleidete. Das war das Bild, das wir vom Weißen Mann hatten.

Also strichen wir zwei oder drei aus unserer Mitte mit weißer Tonerde an und setzten ihnen Hüte auf die Köpfe, die wir für diese Gelegenheit aus Birkenrinde zusammennähten; dann klebten wir ihnen ein Stück eines Tierfelles ans Kinn, so daß es wie ein Bart aussah, und änderten ihre Kleidung, soweit wir dazu in der Lage waren. Die weiße Farbe der Birkenrinde sollte ihre weißen Hemden darstellen. Bei ihren Handelswaren dienten Sand als Zucker, wilde Bohnen als Kaffee, getrocknete Blätter als Tee, kleingeriebene Erde als Schießpulver, kleine Steine als Patronen und klares Wasser als das gefährliche ‚spirit water‘. Dann tauschten wir für diese Waren die Felle von Eichhörnchen, Kaninchen und kleinen Vögeln ein."

„Wenn wir ‚Büffeljagd‘ spielten, dann schickten wir ein paar gute Läufer mit einem Vorrat an Fleisch fort in die offene Prärie; hinter ihnen her schickten wir dann ebenso flinke Jungen, die sie jagen und ihnen Nahrung abnehmen sollten. Eines Tages waren wir einmal wieder mit diesem Spiel beschäftigt, als zur gleichen Zeit die Männer unseres Stammes eine wirkliche Jagd durchführten. Doch wir wußten nicht, daß diese Jagd so nahe war – bis wir, mitten in unserem Spiel, einen gewaltigen Büffel in vollem Galopp direkt auf uns zukommen sahen. Unsere nachgeahmte Büffeljagd verwandelte sich unversehens in eine sehr reale Büffelfurcht. Glücklicherweise waren wir nahe bei einem Wald, und so verschwanden wir schleunigst in seinem Gebüsch, während andere ihre Zuflucht auf hohen Bäumen suchten."

Mos Mos

Dieses Hopi-Lied wird von Kindern auch gespielt. Sie knien dann auf dem Boden, halten ihre Hände mit den Innenflächen nach vorn und machen mit ihren „Pfoten" bei jedem Takt des Liedes eine Kratzbewegung:

Der Text lautet etwa:

> Die Katze ist ein Dieb.
> Sie stiehlt Schaffelle.
> Sie stiehlt Ziegenfelle.
> Katze, Katze.
> Miau, miau,
> miau, miau,
> miau

(Nach Robert Rhodes, S. 26)

Vogel und Kröte spielen Verstecken

Unten am Fluß lebte ein kleiner Vogel.
Eine Kröte wohnte nicht weit davon entfernt.

Ich will diesen Vogel bitten,
Verstecken mit mir zu spielen,
sagte Kröte.

Sie ging zum Fluß,
wo der kleine Vogel auf und ab wippte.

Wie hübsch du deinen Körper bewegst,
sagte Kröte.

Ja, ist das hübsch?
fragte Vogel.

Ja, sagte Kröte.
Wollen wir also Verstecken spielen?

Ja, sagte Vogel,
laß uns Verstecken spielen.

Zuerst muß ich zurück nach Hause
und es meiner Mutter sagen,
sagte Kröte.

Ich muß es meiner Mutter sagen,
damit sie mich nicht sucht.

Ich muß es ihr sagen,
damit sie nicht denkt,
jemand habe mich getötet.

Dann beeil dich,
sagte Vogel.

So hüpfte Kröte nach Hause und sagte,

> Mutter, ich wollte dir sagen,
> unten am Fluß gibt es einen Sandplatz;
> dort wollen wir Verstecken spielen.
> Das wollte ich dir sagen.

> Ihre Mutter sagte,
> geh nicht zu weit fort;
> jemand könnte dich töten.

> Nein, Mutter,
> sagte Kröte,
> ich werde nur dort auf dem Sandplatz bleiben.

Dann ging Kröte zurück zu Vogel und sagte:

> Komm jetzt,
> wir wollen spielen.

Und sie gingen zum Sandplatz am Fluß.

Sie lachten beide und hatten viel Spaß.

> Laß uns anfangen,
> sagte Kröte,
> du versteckst dich zuerst.

> Nein, sagte Vogel,
> du versteckst dich zuerst,
> denn du hast mich eingeladen.

So ging Kröte und versteckte sich.

> Wenn du dich versteckt hast,
> sagte Vogel,
> dann ruf mich.

Darauf bedeckte sich Kröte ganz mit Sand,
und als sie fertig war,
rief sie und sagte:

> Bin fertig,
> kannst kommen.

Da kam Vogel und suchte sie.
Er kam auch zu der Stelle, wo Kröte war,
konnte sie aber nicht finden.

> Wo hat sie sich nur versteckt,
> piepste Vogel.

Darauf trat er genau auf Kröte
und wäre fast umgekippt.

> Nun sieh mal einer an,
> sagte Vogel,
> ich habe eine Pfeilspitze gefunden;
> die kann mein Großvater als Messer gebrauchen.

> Ich bin keine Pfeilspitze,
> sagte Kröte,
> ich bin Kröte.

Da grub Vogel sie aus,
und sie lachten beide aus vollem Halse.

> Jetzt bist du an der Reihe, Vogel,
> quakte Kröte.

Da flog Vogel zu demselben Sandplatz
und versteckte sich an der gleichen Stelle
wie vorher Kröte.
Nur seinen Schnabel ließ er herausgucken.

Bin fertig, Kröte,
zwitscherte Vogel.

Kröte suchte ihn.
Sie guckte überall.
Sie suchte und suchte,
doch sie fand keine Spur von ihm.

Sie hüpfte auf und ab, hin und her
und stieß dabei mit ihrem Bauch genau gegen Vogels
Schnabel.

Nun sieh mal einer an,
sagte Kröte,
ich habe eine Nadel gefunden.
Damit kann mein Großvater seine Schuhe flicken.

Sie zog aus Leibeskräften.

Ich bin keine Nadel,
rief Vogel.
Ich bin Vogel.

Da lachten sie beide aus vollem Halse.

So fand jeder den anderen,
und Kröte hüpfte nach Hause zu ihrer Mutter,
gesund und munter.

Und Vogel blieb am Fluß,
wo er wohnte.

(Cochiti-Pueblo)

Mit Tieren gingen indianische Kinder bei ihren Spielen oft gar nicht zimperlich um. So schreibt etwa der Hopi Don C. Talayesva in seiner Lebensgeschichte „Sun Chief" (New Haven 1942), wie er und andere Hopi-Kinder sich aus Krötenechsen Halsbänder fertigten. Dann mußten schon einmal ältere Leute einschreiten, bei Don Talayesva mit den Worten: „Ärgert die Kröten nicht zu sehr; sie sind Geistwesen und können uns helfen." Und wenn die Kinder ihre Spielzeugpfeile auf Hühner schossen oder Hähne zum Kampf gegeneinander hetzten, dann wies der Großvater darauf hin, daß diese Tiere die Lieblingstiere des Sonnengottes seien: „Das Krähen der Hähne am frühen Morgen ist wichtig", sagte er. „Der Sonnengott hat sie geschaffen und hierher geführt, um die Menschen aufzuwecken. Er läßt eine kleine Glocke erklingen, um die Hähne aufmerksam zu machen, wann es Zeit ist, den baldigen Anbruch der Morgendämmerung zu verkünden. Viermal krähen sie, bevor der Tag anbricht" (Charles Hamilton, S. 58-60).

Bei vielen indianischen Völkern war und ist es Sitte, daß Jungen schon mit drei oder vier Jahren Pfeil und Bogen in Kleinformat geschenkt bekommen, während Mädchen in diesem Alter Puppen oder sonstige geschnitzte Figuren erhalten. So wird auch hier schon in jungen Jahren die erste Einübung in künftige Rollen vorbereitet.

Du Ma Na

Bei diesem Spiel stehen die Hopi-Kinder im Kreis und „stapeln" in der Mitte abwechselnd ihre Hände aufeinander. Dabei kneift jedes Kind in den unter seiner Hand liegenden Handrücken. Wenn sie dann das Lied singen, bewegen sie die Hände mit dem Rhythmus der Musik auf und ab. Bei den Worten „euhem, euhem" kneifen sie fest zu. Darauf bricht der Stapel der Hände auseinander, und jedes Kind schüttelt seine Hände bei den Worten „ou, ou".

Der Text heißt:

> Es soll losgehen.
> Die Bohnen unserer Großmutter
>   sind hart geworden.
>
> Die Mehlspeise unseres Großvaters
>   ist hart geworden.
>
> Euhem, euhem.
>
> ou – ou

(Nach Robert Rhodes, S. 25)

Mastof Kachina

Dieses ist ein Spiellied der Hopi. Die Kinder halten während des ganzen Liedes ihre Arme seitlich ausgestreckt und drehen sich schnell auf der Stelle, um schwindelig zu werden. Bei den letzten Worten „ee lili" versuchen sie dann, geradeaus zu laufen. (Kachina heißen die Geistwesen der Hopi und Pueblo. Nach Auffassung gläubiger Hopi gibt es mehrere hundert verschiedene von ihnen.)

Der Text heißt:

> Sie drehen sich im Kreise
> und werden schwindelig.
> Mastof Kachina kommt von Süden.
> Sie bringen Wasser.
> Großmutter, Großvater.
> ee lilili.

(Nach Robert Rhodes, S. 24)

LeLeKang

Dieses ist ein Lied, das Hopi-Kinder bei einem bestimmten Spiel singen. Sie stellen sich hintereinander auf, und jedes legt beide Hände auf die Hüften des Kindes vor ihm. Das Kind an der Spitze führt diese Reihe dann an, indem es diese schlangenförmig, also mit sich windenden Richtungs-änderungen, in Bewegung setzt. Bei den letzten Worten „si li-lilili" beginnt das Kind an der Spitze zu laufen, und alle an-deren versuchen, mitzukommen und die „Schlange" nicht auseinanderreißen zu lassen.

Der Text besagt:

> Schlange, Schlange.
> Der Truthahn hat einen Lappen
> auf seiner Brust.

> A sik, a sik,
> si lilili.

(Nach Robert Rhodes, S. 23)

Trotz aller Freiheit des Spiels werden heranwachsende Navajo-Kinder zum Beispiel schon früh in die Familienarbeit eingeführt. Das bedeutet nicht nur, daß sie die jüngeren Geschwister
zu beaufsichtigen haben, sondern daß Jungen und Mädchen
auch die bei diesem Stamm so zahlreichen Schafherden begleiten, hüten und beaufsichtigen. Schon Zehnjährige müssen sich
mitunter als verantwortliche Schäfer bewähren: Sie ziehen mit
den Tieren von einem Wasserloch zum nächsten und von einem
Weidegrund zum anderen. Durch diese Nähe zur Natur lernen
Navajo-Kinder in der Regel auch heute noch sehr früh den
Umgang mit den Kräften der Natur. In der auf Schaf- und Pfer-
dezucht gründenden Gesellschaft der Navajo haben auch kleine Kinder manchmal schon ihre eigenen Tiere mit eigenen
Ohrmarken. Die Rechte der Kinder über ihr persönliches Eigentum werden dabei in der Regel streng beachtet. Dieses gilt
vor allem für nichtlebendiges Eigentum. Es kommt immer wieder vor, daß weiße Besucher, die Pfeil und Bogen in einem Na-
vajo-Haus sehen und kaufen möchten, von den Eltern an ein
Kind verwiesen werden, dem dieses Spielzeug gehört. Auch
wenn das Kind erst fünf Jahre alt ist, gilt seine Entscheidung –
selbst dann, wenn sie dem Wunsch der Eltern zuwiderläuft. So
ist das Eigentum eines Kindes unantastbar. Zugleich ist die Erziehung zur Großzügigkeit und Freigebigkeit zentrales Anlie-
gen indianischer Erziehung.Bei dem Besitz von Tieren kommt
aber ein anderes wichtiges Erziehungsmoment ins Spiel. Zwar
fördert es das Sicherheitsgefühl eines Kindes, daß es selbst
schon Besitzer einiger Tiere ist, aber es wird ihm zugleich
auch bewußtgemacht, daß die ganze Familie ein Anrecht auf
Unterhalt mit Hilfe der Tiere hat. So muß auch das Kind reih-
um Fleisch beisteuern, wenn es für die Familie oder für Gäste
einer Zeremonie erforderlich ist. Auch bei anderen Produkten
(Wolle, Milch, Jungtiere) wird dem Kind die Vorstellung
vermittelt, daß ein angemessener Teil davon dem Unterhalt
der Familie oder auch der größeren Gemeinschaft zu dienen
hat (vgl. Kluckhohn/Leighton, S. 58ff. und S. 228f.).

Tischgebet

Möge es reichlich Nahrung geben
für unsere Kinder.

Dann,
wenn die Kinder gegessen haben:

Möge es Nahrung geben für alle.

(Hopi)

Möget ihr gesegnet sein

Meine Kinder,

> möget ihr gesegnet sein mit Leben;
> möget ihr gesegnet sein mit Licht;
> mögen eure Wege sich erfüllen;
> möget ihr ein hohes Alter erreichen;
> mögen eure Wege bis dorthin reichen,
> > wo die lebenspendende Bahn der Sonne
> > hervorkommt;
> mögen alle eure Wege Erfüllung finden.

(Ritualspruch der Zuni)

Die engsten familiären Verwandtschaftsbenennungen waren und sind bei Indianern durchaus anders als in unserer Kultur. Da in der indianischen Tradition nicht die Klein-, sondern die Großfamilie die Regel war, lag auch die Erziehung der Kinder keineswegs nur in den Händen der Eltern. Zudem sind die meisten Indianervölker nach der Linie der Mutter (matrilinear) organisiert. Deshalb blieben die Töchter einer Mutter in der Regel nahe beieinander wohnen, wenn sie eine Familie gründeten. In einer solchen Großfamilie waren dann alle Erwachsenen für die Erziehung aller Kinder zuständig. Nicht nur die leibliche Mutter, sondern auch die Schwestern der Mutter (und manchmal auch die Frau des Bruders des Vaters) wurden als ‚Mutter' bezeichnet.

Ähnlich war es mit dem Begriff ‚Vater': Neben dem leiblichen Vater wurden so auch die Brüder des Vaters (und der Mann der Schwester der Mutter) genannt. Die Konsequenz war, daß sich auch die Kinder all dieser nahen Verwandten mehr oder weniger als Brüder und Schwestern verstanden. Ebenso waren Onkel und Tanten kaum weniger an der Erziehung der Kinder und der Fürsorge für sie beteiligt als die eigentlichen Eltern. So hatte nicht nur der Außenstehende, sondern auch manches Kind Schwierigkeiten, die einzelnen Kinder ihren jeweiligen Müttern (oder Vätern) zuzuordnen. Selbst erwachsene Männer und Frauen sahen manchmal keinen Sinn darin, zwischen ihrer leiblichen Mutter und deren Schwestern zu unterscheiden.

Wie bei den Hopi, den Navajo, den Pueblo und den meisten anderen indianischen Völkern gehören Kinder auch bei den Arapahoe immer zum Clan der Mutter, niemals zum Clan des Vaters. (Vater und Mutter gehören in aller Regel zu verschiedenen Clanen, da alle Clan-Mitglieder als miteinander verwandt gelten und deshalb eine Eheschließung zwischen ihnen bei praktisch allen Indianervölkern strengstens abgelehnt wird.) Die Clan-Linie als die entscheidende soziale Bezugskoordinate läuft in diesen Fällen also von der Großmutter über

die Mutter zu den Kindern und weiter zu den Kindern der eigenen Töchter; die Kinder der eigenen Söhne werden dagegen zum Clan ihrer Mutter gehören. Nur Töchter können also die eigene Clan-Linie fortführen, bei Söhnen bricht sie dagegen ab. Diese weibliche Clan-Linie ist die entscheidende Stammlinie; man spricht von matrilinearer Ordnung. Männer aus anderen Clanen stoßen gewissermaßen von außen auf diese weibliche Stammlinie, können aber ihre Clan-Zugehörigkeit nicht an ihre Kinder weitergeben.

Dabei kann es dann vorkommen, daß Kinder zu den Geschwistern der eigenen Mutter – auch zu deren Brüdern – eine nähere Beziehung haben als zum eigenen Vater, denn er gehört ja einem anderen Clan an. Darum ist auch in manchen Fällen der Bruder der Mutter die höchste männliche Erziehungsautorität in der Familie, nicht der Vater.

In der Navajo-Verwandtschaft hatten traditionellerweise die Onkel mütterlicherseits sogar Einfluß auf die Eheschließung ihrer Nichten und Neffen; sie konnten diese fördern oder auch zu verhindern trachten. Andererseits hatten Nichten und Neffen auch ein gewisses Erbrecht im Verhältnis zu ihren Onkeln mütterlicherseits. Vor allem ein Mädchen, also eine Nichte, konnte von den Brüdern ihrer Mutter bei deren Tod eine kleine Erbschaft erwarten. Die Menschen verstehen sich selbst zunächst und vor allem als Mitglieder der Familie der eigenen Mutter. Auf diese Weise wird in zahlreichen indianischen Gesellschaften das durch die Bedeutung der Jagd, des Krieges etc. vorgegebene Übergewicht der Männer ausgeglichen oder ausbalanciert durch eine besondere Gewichtung der weiblichen Blutslinie. Dieses ist wohl einer der zahlreichen Versuche indianischer Völker, den zentralen Gedanken des Gleichgewichts und der Balance auch in den Beziehungen der Geschlechter zur Geltung zu bringen.

Kürbis-Mädchen

Tief in den Schoß
der Mutter Erde
wurden seine Samen gelegt
mit einem einfachen Grabestock.

Tief in der Unterwelt
gab Muyingwa,
Herr über alles, was wächst,
seinen Segen
und ließ die Keime sprießen.

Dann empor, empor,
langsam und unter Schmerzen,
begann es seine Reise in die Ungewißheit.
Aus dem Sipapuni,
dem Ort des Auftauchens in dieser Welt,
keimte es empor,
begrüßt von den warmen Strahlen
seines Vaters, der Sonne.

Empor wuchs es
und breitete seine zarten grünen Triebe aus,
um seine Umgebung zu erkunden.
Tage und Nächte vergingen,
und Kürbis-Mädchen wuchs.
Aus dem Norden drang die Blässe ein,
als die Kühle einsetzte.

Inmitten des Herbstmondes
steht es jetzt,
blühend,
strahlend vor Schönheit,
zwischen den stolzen Verwandten.

Und Mutter Natur

l ä c h e l t .

(Lomawywesa = Michael Kabotie, Hopi)

109

Gib acht, mein Kind,
erhebe deine Augen,

sieh den, der hier steht.
Schau, mein Kind, hier wartet er,
um dir die letzte große Gabe zu bringen.
Gib acht, mein Kind. Schau! Er wartet,
um das Zeichen zu bringen, das der Vater sendet.

Gib acht, mein Kind, erhebe deine Augen,
sieh den, der auf dir hinterlassen hat
– schau mein Kind – auf dir hinterlassen hat
das Zeichen von Tirawas Lebensatem.
Gib acht, mein Kind. Schau! Auf dir ruht
das Zeichen, das der Vater gesandt hat.

(Aus der Hako-Zeremonie der Pawnee)

Bei der Hako-Zeremonie, einer Art Initiationsritus der
Pawnee-Indianer, wird dieses Lied gesungen. Während des
Singens knüpft ein alter Mann eine Daunenfeder des Adlers
in das Haar des Kindes. Das bedeutet: Tirawa Atius, das
Große Geheimnis, ist nun bei dem Kind, da die Feder über
seinem Kopf flattert! Die Kräfte von oben kommen auf das
Kind herab. Tirawa Atius läßt seinen Atem über das Kind
dahinwehen.

(Tahirussawichi, Pawnee)

Pawnee-Zeremonie der Berührung eines Kindes

Gib acht, mein Kind, erhebe deine Augen,
    sieh den, der hier steht.
Schau, mein Kind, hier wartet er,
    um dir die Gabe der Kraft zu bringen.
Gib acht, mein Kind. Schau! Das Wasser wartet darauf,
    dir die Gabe der Kraft zu bringen.

Gib acht, mein Kind, erhebe deine Augen,
    sieh den, der dir Stärke gebracht hat.
Sieh, mein Kind! Du hast Kraft,
    und die Aufgabe ist beendet.
Gib acht, mein Kind. Schau! Das Wasser
    hat dir jetzt die Gabe der Kraft gebracht.

(Pawnee)

Das Wasser wird in der vorhergehenden Nacht von einem Fluß geholt und in eine Schale geschüttet. Jede Einzelheit dieses Vorganges hat symbolische Bedeutung. Die Zeit, zu der das Wasser geholt wird, ist die Nacht, die Mutter des Tages. Fließendes Wasser symbolisiert den Fortbestand des Lebens, eine Generation folgt der anderen. Die Schüssel, die das Wasser hält, ähnelt in ihrer Form der Himmelskuppel, der Wohnstätte der Mächte, die Leben schauen.

Das Kind wird mit dem Wasser auf dem Kopf und im Gesicht berührt. Dabei wird eine unsichtbare Linie gezogen, die später deutlich hervortritt. Die erste Berührung mit Wasser soll reinigen und Kraft geben.

(Tahirussawichi, Pawnee)

111

Das Antlitz Tirawas

Mit diesen Linien wird das Gesicht eines Kindes der Pawnee
bei einer Segnung bemalt.
Der Bogen führt über die Stirn und auf jeder Wange her-
unter.
Die Mittellinie führt über den Nasenkamm herunter.
Der Bogen ist der Himmel, die Heimat Tirawas, des Großen
Geistes.
Die Mittellinie ist sein Atem, der von der Mitte des Him-
mels, dem Zenit, herniederströmt – durch die Nase – zum
Herzen des Kindes.

(Nach Dennis Tedlock, S. 230)

Gebet für ein Kind

Laß deinen Atem strömen über dieses Kind!

Laß deinen Atem strömen über dieses Kind!

Nur du allein
kannst ihm Leben geben.

Langes Leben gib ihm,

o Vater.

Wir bitten dich.

(Pawnee)

Schließlich gehörten zur engeren Familie vor allem auch die Großeltern. Ihnen fiel ein wichtiger Teil der Erziehung zu, da sie mehr Zeit hatten als die Generation der Eltern. Die Großeltern waren die eigentlichen Geschichtenerzähler, die Storyteller; sie machten ihre Enkel durch das Erzählen von Mythen, Märchen, Geschichten und Legenden der Stammestradition mit dem Erfahrungsschatz des eigenen Volkes, mit seiner Geschichte, mit den Verhaltensmustern und Leitbildern vertraut. Dabei galt – ähnlich wie in unserer Kultur –, daß Großeltern nie schimpften und daß sie immer nachsichtig und freundlich mit ihren Enkeln umgingen. Eine solche Situation ließ bei den Heranwachsenden Erfahrungen der Frustration und Isolation, des Sinnverlustes und Verlassenseins, praktisch nicht aufkommen.

Die Pueblo-Indianerin Soge Track erinnert sich, wie sie im Pueblo Taos von ihren Großeltern lernte:

„Als ich klein war, saßen mein Großvater und ich fast jeden Abend auf der Westseite des Sommerhauses und beobachteten den Sonnenuntergang – oder wir saßen an der östlichen Seite und beobachteten, wie der farbige Abendhimmel sich auf die Berge legte. Meine Großmutter setzte sich dann zu uns. Dann erzählte sie mir von dem Berg oder von den Geräuschen des Abends. Mein Großvater sang dann auch immer ein bestimmtes Lied und sagte zu mir: ‚Vergiß es nicht.' Ich bemühte mich darum. Doch manchmal bat ich meine Großmutter, mir beim Auswendiglernen zu helfen. Dann sagte sie aber, das gehe nur meinen Großvater und mich an. Sie mischte sich nie ein; dasselbe galt, wenn meine Großmutter mich etwas lehrte: Dann mischte sich mein Großvater niemals ein" (Beck/Walters, S. 54f.).

„Zu Hause sind indianische Kinder von Verwandten wie von einer warmen Decke umgeben. Eltern, Großeltern, Onkel, Tanten, ältere Brüder sowie Kusinen und Vettern kümmern sich um sie, spielen mit ihnen oder hören zu, was sie zu sagen haben. Indianische Kinder nennen ihre Tante ‚Mutter', und das

nicht aus Höflichkeit, sondern weil sich die Tante wie eine Mutter verhält. Indianische Kinder sind niemals allein. Wenn die Erwachsenen irgendwohin gehen, werden die Kleinen mitgenommen. Kinder haben ihre Rechte genau wie die Erwachsenen. Sie werden selten zu etwas gezwungen, das sie nicht mögen, selbst wenn es gut für sie ist" (Richard Erdoes/Lame Deer, S. 34f.).

„Meine Mutter erzählte mir, daß ich oft im Dorf von einem Tipi zum anderen getragen wurde und daß sie selbst mich an manchen Tagen nur gelegentlich zu Gesicht bekam. Ich wurde dann einfach von einem Verwandten zum anderen gereicht, und irgendeiner von diesen unterhielt mich dauernd" (Chief Standing Bear, S. 5).

„Auch heute noch sind die Sioux außerordentlich nachsichtig bei der Erziehung ihrer Kinder. Für den Außenstehenden sieht es so aus, daß alle indianischen Kinder von ihren Eltern verwöhnt werden – vor allem aber von ihren Großeltern, die bei der Erziehung der Jugendlichen großen Einfluß haben. Disziplin scheint nicht zu existieren, und körperliche Bestrafung ist selten. Eine alte Großmutter, die gerade mit ihren letzten Pfennigen Süßes für ihren Enkel gekauft hatte, erklärte dies so gegenüber einem neugierigen Weißen: ‚Nichts, was lebt, wird durch Liebe verdorben. Mancher ›wa'sciuN‹ (Weiße) liebkost seinen Hund und schlägt sein Kind. Das ist ›witko‹ (verrückt). Es ist immer besser, zu lieben'" (Harry W. Paige, S. 77).

Als ich klein war,

   ließ mein Großvater mich immer fühlen, daß er wußte: Ich war da.

Sobald ich von draußen hereinkam, sagte er:

> „Hier kommt der Mann.
> Gibt es hier was zu essen?
> Er hat vielleicht Hunger."

Er gab mir das Gefühl, daß ich zählte; daß ich wichtig war ...

Er sagte nicht „der Junge" und nannte auch nicht meinen Namen. Er sagte „der Mann" und gab mir so das Gefühl, daß ich ein Mann werden wollte und sein würde.

(Henry Old Coyote, Crow-Indianer, 1972)

Meine Großmutter,

die mich erzog, sagte immer:

„Dies bist du.

Was ich sage, wird wachsen um dich herum.

Meine Worte müssen Wurzeln schlagen, damit du nach ihnen leben kannst.

Du mußt versuchen, das in die Tat umzusetzen, was ich dich lehre. Dann kannst du in der Welt bestehen.

Was ich dir sage, wird zum Vorschein kommen, eins nach dem anderen.

Wenn du dann vor Problemen stehst, wirst du wissen, worauf ich hinaus will.

Wenn solche Hindernisse kommen, wirst du keine Schwierigkeiten haben, sie zu überwinden."

(Arthur Sutton, Arapaho-Indianer, 1972)

Mit der Erziehung lag auch die Disziplinierung der Kinder nicht nur in den Händen der Eltern, sondern aller Mitglieder der Großfamilie. Zwar wurden Kinder kaum körperlich gezüchtigt – vor allem Kleinkinder wurden niemals geschlagen; trotzdem sahen Erwachsene natürlich manchmal die Notwendigkeit, Kinder zu bestrafen. Da ist es nun auffallend, daß bei vielen Stämmen nicht die Eltern – oder Onkel – für strengere Bestrafungen zuständig waren, sondern jemand anders. Offensichtlich empfanden diese Indianer, daß durch strenge Bestrafung bei den Kindern ein Ressentiment gegenüber den Strafenden entstehen könne. Eine solche Entfremdung sollte aber nicht zwischen Eltern – oder Onkeln – und Kindern stattfinden.

So gab es bei den Sanpoil-Indianern im Staate Washington so etwas wie einen Zuchtmeister des Dorfes. Er konnte leichte Schläge austeilen, tat dieses aber nicht nur bei den ‚straffällig‘ gewordenen Kindern, sondern immer auch bei ihren Spielkameraden. In ähnlicher Weise wurden auch bei den Hopi nicht nur die Kinder bestraft, die sich schlecht benommen hatten, sondern auch deren Spielkameraden. Die Begründung war, sie hätten das falsche Verhalten der anderen verhindern müssen. Bei diesen Hopi diente eine Kachina (eine als Geistwesen maskierte Person) als Zuchtmeister des Dorfes. Wenn sie an der Tür des Hauses erschien, um dem einen oder anderen Kind ins Gewissen zu reden oder es auch zu züchtigen, so war diese Kachina natürlich vorher von den Eltern informiert worden. Vor den Augen der Kinder aber setzten sich die Eltern dann für ihre Kinder ein oder versuchten gar, diese vor der strafenden Kachina zu beschützen. So wurde das Verhältnis zwischen Eltern und Kindern durch diesen Akt der Disziplinierung eher gefestigt als gefährdet.

Diese „unzivilisierten" Menschen hatten also Methoden entwickelt, die Beziehung zwischen Eltern und Kindern auch dann ziemlich unbelastet zu bewahren, wenn es Erziehungsprobleme in der Familie gab.

„Ich habe mich oft gefragt, warum Eltern und Großeltern in unserer Gesellschaft ihre Kinder nie geschlagen haben. Ich glaube, das liegt an der Achtung und Ehrfurcht. Das erste, was wir unsere Kinder lehren, ist Achtung vor Menschen. Die Erziehung der Kinder liegt in dieser Achtung begründet.

Unsere Großeltern haben uns Kinder nie bestraft. In unserem Stamm – und dasselbe galt für andere Stämme – schlug man Kinder nicht, sondern man lehrte sie vor allem durch Vorbild. Die Großeltern und Eltern lebten nach den Werten und den Prinzipien, die sie auch bei ihren Kindern respektiert sehen wollten" (Allen Quetone, Kiowa, 1972).

(In diesem Zusammenhang dürfte auch ein Charakteristikum der Prärie-Indianer gehören: Wenn sie ihre Pferde einritten, dann „brachen" sie diese nicht. Ziel war vielmehr eine Einheit von Pferd und Reiter, bei der nicht nur das Pferd dem Reiter zu gehorchen hatte, sondern sich auch der Reiter auf die „ungebrochenen" Instinkte des Pferdes verlassen konnte.)

Wenn ihr eines meiner Kinder seht,

so achtet jedes einzelne von ihnen für das,
was es ist:
Ein Kind unseres Vaters im Himmel und euer Bruder, eure
Schwester.
Ich denke, darauf läuft letzten Endes alles hinaus.

(Chief Dan George,
Swinomish-Indianer, geb. 1899)

Menschen wachsen ebenso natürlich
wie die Bäume
und das Gras
und die Blumen.

(Ein Ojibwa-Indianer)

Was ich meinem Sohn sage

Ich nehme meinen Sohn mit nach draußen
und zeige ihm einen Baum.
Lasse ihn die Blätter berühren.
Dies ist ein Blatt, siehst du.
Es ist grün, es hat Linien,
und so ist es geformt.

Berühre es.

Er berührt das Blatt.
Der Zweig erzittert unter seiner Berührung.
Kleine, stramme Hände greifen heftig
        und vorsichtig
nach dem, was ich ihm zeige.

Ich lasse ihn
barfuß
auf dem Boden stehen.
Fühl die Erde! Braune Erde und Kies!
Fester Lehm!
Darin wachsen Pflanzen nicht gut.
Da muß man Sand haben
        und Blätter, Stäbchen, Dünger.
Dann werden Pflanzen auf ihm wachsen.

        Das ist es, was ich ihm sage.

(Simon J. Ortiz, Pueblo-Indianer)

Ich erinnere mich, wie ich als kleiner Junge mit meinem Vater am Indian River fischen ging, und ich sehe ihn noch vor mir, als die Sonne sich am frühen Morgen über den Gipfeln der Berge erhob. Ich sehe ihn, wie er da am Rande des Wassers stand, die Arme über seinen Kopf erhoben, und sanft seufzte: „Danke, danke". Es hinterließ einen tiefen Eindruck in meinem Gemüt.

Und ich werde nie seine Enttäuschung vergessen, als er mich einmal mit einem Haken fischen sah, ‚nur so zum Spaß'. „Mein Sohn", sagte er, „der Große Geist hat dir diese Fische gegeben als deine Brüder, damit sie dir Nahrung sind, wenn du hungrig bist. Du mußt Achtung vor ihnen haben. Du darfst sie nicht einfach ‚nur so zum Spaß' töten."

Dieses also war die Kultur, in die ich hineingeboren wurde, und für einige Jahre war sie die einzige Kultur, die ich wirklich kannte und kostete.

(Chief Dan George,
Swinomish-Indianer, geb. 1899)

Während Kinder in indianischen Gemeinschaften kaum geschlagen wurden, um sie für unerwünschtes Verhalten zu bestrafen, so wurden sie doch bei manchen Völkern einer anderen Form der Bestrafung ausgesetzt, die wahrscheinlich nicht weniger bitter und grausam sein kann: Es war bei den Zuni und anderen Völkern durchaus üblich, ein Kind zu verspotten oder lächerlich zu machen, um es von dem unerwünschten Verhalten abzubringen. Die hohe Empfindlichkeit vieler Indianer gegenüber Spott und Hohn – ihre große Furcht, sich lächerlich zu machen – auch noch bei heute lebenden Menschen – ist möglicherweise durch dieses Erziehungsmittel mitverursacht.Im Unterschied zu anderen Indianern hatten die Flathead keine Skrupel, ihre Kinder gelegentlich auch durch Schlagen zu bestrafen. Doch galt es als unvernünftig, ein kleines Kind zu schlagen, da dies eine böse Grundhaltung im Kind erzeugen könne. Häufiger wurde Kindern, wenn sie nicht gehorchen wollten, mit strafenden Tieren oder mit einer Figur gedroht, die dem „bösen schwarzen Mann" bei uns auffallend ähnelte. Auch besaßen die älteren Kinder eine gewisse Autorität gegenüber den jüngeren, und sie behielten diese in der Regel ihr ganzes Leben lang.Bei den Winnebago-Indianern heißt es: Wenn du einmal ein Kind hast, so schlage es nicht. Wenn in früheren Zeiten sich ein Kind schlecht benahm, so schlugen es die Eltern nicht, sondern sie ließen es fasten. Wenn ein Kind dann hungrig ist, wird es schnell das Falsche in seinem Verhalten einsehen. Wenn man ein Kind schlägt, so schlägt man nur die Bosheit in es hinein. Ebenso sollten Frauen ihre Kinder nie ausschimpfen, weil Kinder durch Schimpfen nur verstockt werden (vgl. Levitas/Vivelo/Vivelo, S. 51).

„Seit der frühesten Begegnung zwischen den beiden Rassen fanden die Indianer die Gewohnheit der Weißen, die Kinder zum Gehorsam zu prügeln, höchst abstoßend. Die Indianer erschreckten ein Kind nur, indem sie ihm erzählten, die Nachteule werde es holen – oder der Weiße Mann" (Erik Erikson, S. 123).

Lied von den Eulen

Eule, Eule, kleine Eulen,
einander mit den Augen verschlingend.

Eule, Eule, kleine Eulen,
einander mit den Augen verschlingend.

„Wessen Kind ein kleiner Schreihals ist,
      das werden wir fressen.
Wessen Kind ein kleiner Nörgler ist,
      das werden wir fressen."

„Nicht dich,
während du weinend einschläfst,
nicht dich will ich fressen."

„Doch dich,
während du weinend einschläfst,
dich will ich fressen."

A – a – a – Ya – a – ay
Hu' Hu' Hu' Hu'
Aaha iihiihi
Aahaaha iihiihi.

(Hopi; Version der Helen Sekaquaptewa)

In diesem Wiegenlied gibt es zwar weder Ärger noch Gewalt,
aber doch eine ausdrückliche Drohung an das Kind. Deshalb
wird solch ein Lied vor allem bei einem widerspenstigen und
aufsässigen Kind gesungen. – Eulen als Raubvögel symbolisieren drohende Gestalten. – Die furchteinflößenden und
warnenden Aspekte der Eulen-Kachina (der Hopi) sind direkt in dieses Lied eingegangen. Obwohl es beruhigend in
Ton und Rhythmus ist, so ist es doch deutlich und fest in
dem Versuch, das Kind zum Schlafen zu bringen.

(Nach: K. Sands und Emory Sekaquaptewa)

124

Der halbindianische Autor Joe Bruchac berichtete in einem Vortrag in Hannover (1989) von seiner eigenen indianischen Erziehung: „Da ich von jemandem erzogen wurde, der indianischer Herkunft war, bedeutet dies, daß ich als Kind sehr gut behandelt wurde. Indianer halten nichts davon, Kinder zu schlagen. Sie sagen: Wenn du deine Kinder schlägst, dann brichst du vielleicht ihren Charakter. Wenn du deine Kinder schlägst, dann bringst du sie vielleicht gegen dich auf. Es kann gut sein, daß sie sich dann später nur an die Schläge erinnern, nicht aber an das, was sie dadurch lernen sollten. Denn wenn dir jemand sagt: ‚Ich werde dir eine Lektion erteilen‘, und er schlägt dich, so erinnerst du dich später meistens wohl an die Schläge, aber du vergißt die Lektion. Wir sagen auch: Wenn du deine Kinder schlägst, dann hast du später vielleicht einmal Probleme; denn eines Tages sind deine Kinder vielleicht größer als du ...

Wie soll man also Kinder erziehen? Nun, ich wurde als Kind und als Junge von meinen Großeltern so erzogen: Wenn ich etwas Unrechtes tat ..., so sprachen sie mit mir darüber. Oder sie erzählten mir eine Geschichte, (in der es auch um solch unrechtes Tun ging). Und genauso habe ich es dann auch mit meinen Kindern gemacht ...

Manchmal erzählte man ihnen eine schaurige Geschichte, so daß sie es sich zweimal überlegen würden, etwas Unrechtes zu tun. Man sagte ihnen zum Beispiel: ‚Aha, du willst also wieder hinausgehen und allein in dem sumpfigen Gebiet umherlaufen. Ah, das ist gut. Du wirst wahrscheinlich die alte Frau dort treffen, die Kinder ertränkt. Wenn du sie siehst, dann grüße sie von mir‘ – Darauf sagte das Kind in der Regel: ‚Ich glaube, ich werde heute im Haus spielen.‘“

Die Kindergeschichte vom Kaninchen, das angeben wollte (MOHAWK)

Da gibt es auch die Geschichte von dem Kaninchen, das angeben wollte. Es zeigte stolz, wie schnell und wie lange es laufen konnte. Es lief so lange, daß es schließlich zu schneien begann, und der Schnee wurde immer dicker unter ihm und hob es endlich nach oben. Es schneite und schneite, und schließlich fand sich das Kaninchen in den Ästen eines Baumes wieder. Es sprang auf einen Ast und schlief ein.

Während des Schlafes schmolz der Schnee, aber das Kaninchen war immer noch oben im Baum. Da es keine Krallen hatte, mit denen es hätte den Baum hinunterklettern können, mußte es schließlich aus dem Baum zur Erde springen.

Dabei verfingen sich sein Schwanz und seine Ohren in einem Zweig, so daß seine Ohren gedehnt und gestreckt wurden – und sein Schwanz blieb sogar ganz im Baum hängen. Dann fiel es herunter, schlug mit seiner Nase gegen einen scharfen Gegenstand und riß sich das Gesicht auf. Daher kommen seine gespaltene Nase und seine langen Ohren. Und das ist auch der Grund, warum sein Schwanz jedes Jahr in den Weidenkätzchen wieder hervorkommt.

Auf diese Art lernt das Kind eine Lektion über Angeber und Neunmalkluge.

(Morey/Gilliam, S. 40)

Aus dem Gesagten wird schon die große Bedeutung des Geschichtenerzählens für die indianische Erziehung deutlich– und damit auch die große Bedeutung der Geschichtenerzähler, vor allem der Großeltern.

In den schriftlosen Kulturen nordamerikanischer Indianer war die Erziehung vor allem auf mündliche Tradition, also vor allem auf das Erzählen von Mythen, Märchen und Legenden, angewiesen. Mündliche Überlieferung von Geschichten war traditionell das wichtigste Mittel, um Kindern die Sitten, Normen, Leitbilder und das heilige Wissen des eigenen Volkes zu vermitteln. Mündliche Überlieferung war also ein entscheidendes Mittel, um die Stabilität indianischer Gemeinschaften zu sichern. Sie war außerdem das einzige Mittel, um die heiligen Sitten des Stammes zu bewahren. Der Lakota-Führer Luther Standing Bear sagte: „Diese Geschichten waren die Bibliotheken unseres Volkes."

In enger Verbindung mit solchen Mythen standen religiöse Zeremonien, an denen das Kind praktisch von seiner Geburt an teilnahm und deren Zweck ja oftmals die betende und feiernde gemeinschaftliche Begleitung des Heranwachsens eines Kindes war. Ein alter Hopi erzählte mir einmal, daß er selbst bei Studenten der Universität von Kalifornien, die zur Reservation gekommen waren, noch zum Erziehungsmittel des Geschichtenerzählens griff: Wenn er sich über das Verhalten eines Studenten ärgere, mache er seinem Ärger nicht geradeheraus Luft, sondern er erzähle diesem Studenten eine Geschichte. In dieser Geschichte komme der Student selbst vor. Es sei dann seine Aufgabe – so erzählte mir der alte Hopi –, sich in der Geschichte wiederzufinden, die Kritik an seinem Verhalten zu erkennen und sein Tun nach Möglichkeit zu ändern.

Der indianische Autor Gerald Vizenor sagt in einer Sammlung von Geschichten der Anishnabe: „Die Geschichten der Anishnabe sind nicht eine objektive Sammlung und Deutung von Tatsachen. Geschichten sind vielmehr ein Kreis von Träu-

127

men und rednerischen Gesten, die uns auf die Bedeutung zwischen der Gegenwart und der Vergangenheit im Leben von Stammesmenschen hinweisen" (Gerald Vizenor, S. 9-10).

Ein wichtiger Unterschied zwischen der Belehrung durch Geschichten und Erzählungen auf der einen Seite und direkter moralischer Belehrung auf der anderen Seite besteht in Folgendem: Die moralische Belehrung ruft häufig eine Abwehrreaktion hervor. Sie erzeugt also manchmal das Gegenteil von dem, was sie erzeugen soll. Sie wirkt moralisierend, und das mögen junge Leute nicht. – Natürlich haben auch indianische Geschichten und Legenden eine Moral. Doch diese wird in anderer Weise vermittelt. Sie wird nicht über das Gehirn vermittelt wie die intellektuelle Belehrung, sondern über das Gemüt, über das Herz. Vorstellungskraft und gefühlsmäßiges Erfassen spielen hier die entscheidende Rolle, wo im anderen Falle Verstand und Einsicht angesprochen werden.

Die letztlich entscheidende Bedeutung des Geschichtenerzählens ist wahrscheinlich, daß dadurch dem heranwachsenden Kind Sinn vermittelt wird. Da es beim story-telling nicht nur um historische Fakten, sondern immer auch um Zusammenhänge und Deutungen von Hintergründen der Geschehnisse geht, verlieren einzelne katastrophale Geschehnisse innerhalb des Deutungsrahmens einer Geschichte ihren sinnlosen und zerstörerischen Charakter und lassen sich in eine Sinnstruktur des gesamten Stammeslebens einbauen. Durch diese Sinnstiftung ermöglichen Geschichten dem einzelnen Heranwachsenden und dem ganzen Stamm ein sinnerfülltes (Über-)Leben. Der Kiowa-Indianer Scott N. Momaday, geb. 1934, schreibt: „Siehst du, was passiert, wenn die (menschliche) Vorstellungskraft sich eines historischen Ereignisses annimmt? Es wird zu einer Geschichte. Das ganze Ereignis wird mit Sinn ausgestattet." Und er zitiert Isak Dinesen, der gesagt habe: „Alles Leid kann ertragen werden, wenn man daraus eine Geschichte macht oder es in eine Geschichte kleidet" (A. Chapman, S. 105).

Für die Kinder

Anishinabe-Kinder singen Schlaflieder,
      wenn der Großvater
      wa-na-bo-zho-Geschichten erzählt;
und sie träumen davon,
      wie sie hoch auf Wolken sitzen
      und mit Blitzen spielen.

Anishinabe-Kinder singen Schlaflieder
      und träumen von wa-na-bo-zho.

Und sie danken dem Einen Großen.

(Thomas Peacock)

Ein kleiner Navajo-Junge fragte eines Tages einen alten Geschichtenerzähler der Navajo, namens Little Wagon, woher
der Schnee komme. Darauf erzählte ihm Little Wagon, der in
Montezuma Canyon wohnte, folgende Geschichte:

Ein Vorfahre fand einmal ein wunderschönes Stück Brenn-
material und hütete es sorgsam monatelang, bis Geistwesen
kamen und es zurückverlangten. Er fragte sie, ob er ein Stück
davon behalten dürfe, doch sie erlaubten ihm das nicht; statt
dessen sagten sie, sie wollten sehen, was sie für ihn tun könnten. In der Zwischenzeit mußte er eine Reihe schwieriger
Aufgaben bewältigen. Schließlich teilten ihm die Geistwesen
mit, daß er für sein gutes Verhalten belohnt werden solle. Jedes Jahr bei der Hausreinigung würden sie die Asche ihrer
Feuerstelle in den Montezuma Canyon schütten, wo er
wohnte. Manchmal würden sie es vielleicht vergessen,
manchmal auch zuviel schütten, aber insgesamt würden sie
regelmäßig an ihn denken.

Und in der Tat: Jedes Jahr fiel nun Schnee in Montezuma
Canyon.

Little Wagon verstand diese Geschichte nicht als eine Sach-
begründung für die Herkunft des Schnees, also nicht als die
Erklärung eines Kausalzusammenhangs. Er glaubte selbst
offensichtlich keineswegs, daß dieses der Ursprung des
Schnees sei. Es war vielmehr eine Geschichte über ethische
Werte, über das Verhalten eines jungen Menschen und über
eine vorbildliche und ausgewogene Beziehung zwischen
Mensch und Natur.

(Barre Toelken,
amerikanischer Ethnologe)

Eine Geschichte vom Kojoten

Ein Kojote stößt zufällig auf einen Leckerbissen, eine Baumwanze;
diese hält ihren Kopf an die Erde gedrückt.

„Warte, friß mich nicht auf",
sagt sie;
„ich horche."

„Auf was horchst du?"
fragt der Kojote
und hält ebenfalls sein Ohr an die Erde.

Er horcht und horcht,
hört aber nichts.

Schließlich schaut er auf, um herauszufinden, was vor sich geht.
Es ist zu spät.
Die Baumwanze ist fort.

Die Moral:
Laß dich nicht hereinlegen durch eine listige Geschichte.

Der Kojote spielt eine zentrale Rolle in vielen indianischen Tierfabeln. Als ‚Trickster' versucht er, immer wieder andere hereinzulegen, wird aber ebensooft das Opfer der Tricks anderer.

Geschichte einer Grille
aus dem Frühjahr 1978

Meine kleine Schwester Eilene und ich schauten mit erstaunten Augen auf die blühenden Wüstenblumen im weiten Gebiet des grauen Felsengartens nahe Kenneth Bi Dzil. Wir hörten eine Grille, und wir begannen, nach ihr zu suchen. Sie saß unter einem flachen, grauen Stein, einem tsé' áwozí. Wir wunderten uns, daß sie noch in der Hitze des Nachmittags im Spätfrühling ihr Zirpen ertönen ließ.

Eilene nahm den Stein von der Grille; sie war schwarz und glänzend. Dem vollen Tageslicht ausgesetzt, hörte sie auf zu singen: Es war unsere Unterbrechung, „Verzeihung". Auf der Suche nach einem schattigen Plätzchen lief sie herum. Eilene versorgte sie wieder mit dem kleinen Dach. Die Grille legte eine kurze Verschnaufpause ein – und setzte dann ihr Lied fort.

Manchmal empfinde ich es als besonders passend und angemessen, daß die schwarze, glänzende Grille den ersten Ton im Lied der Schöpfung gesungen haben soll: Im schwarzen, richtungslosen Raum – jeder voll spannender Erwartung – dann ein Zirpen, um eine Ankündigung zu machen: „K'iz ... etwas ist dabei zu geschehen; wir sind im Werden!"

Nahak'ízii.

(Irene Nakai, Navajo)

Coyote und der Frosch

Coyote und der Frosch hatten einen Streit, wer von ihnen der Herr des Regens sei, wer also den Regen zur Erde niedersende, um Erde und Natur zu tränken. Gründe und Gegengründe waren gleich gut. Deshalb wollten sie den Streit anders regeln.

Coyote ist natürlich ein schneller Läufer. Deshalb sagte er: „Wir wollen ein Rennen veranstalten. Wer das Rennen gewinnt, ist Herr des Regens, ist Herr der Feuchtigkeit in der Natur."

Der Frosch wußte natürlich, daß er keine Chance hatte, doch er sagte: „Laß mir Zeit, darüber nachzudenken. Die Herausforderung ist klar, aber laß mir Zeit, darüber nachzudenken."

Der Frosch beriet sich mit seinen Nachbarn, und sie waren bereit, ihm zu helfen. Sie arbeiteten so etwas wie einen rollenden Einsatz aus. Danach sollte der erste Frosch nach dem ersten Sprung ein Loch graben und dort bleiben. Danach würde ein zweiter Frosch den Sprung übernehmen und springen, dann der nächste – und so die ganze Rennstrecke entlang. Der Frosch nahm also die Herausforderung an.

Der Tag des Rennens kam, und jeder der Frösche machte seinen Sprung. Dann versteckte er sich im Boden. Coyote dachte, er hätte alles unter Kontrolle. Aber da störte ihn etwas, das sich dauernd seitlich dicht an seinem Ohr bewegte, fast die ganze Zeit und über die ganze Länge der Rennstrecke. So waren sie dauernd Seite an Seite, bis zum Ende des Rennens.

Dann stritten sie, wer nun das Rennen wirklich gewonnen habe. Der Frosch sagte: „Ich habe gewonnen." Coyote sagte: „Ich habe gewonnen." Sie konnten sich nicht einigen. Daraufhin schlossen sie einen Kompromiß. Coyote sagte: „Wir wollen die Herrschaft über den Regen aufteilen. Ich werde über einen bestimmten Teil des Regens die Kontrolle haben,

133

und du wirst die Kontrolle über einen anderen Teil haben."
So ging der heftige Regen, bei dem es auch blitzt und don-
nert, an Coyote; der sanfte Regen, der alles aufsaugt, ging an
den Frosch.

Praktisch alle indianischen Geschichten, die ich gehört habe,
haben ihr Gegenstück in der Märchen- und Sagenwelt Mittel-
europas. Es ist fast überraschend, wie ähnlich sie sind. Dieses
zeigt uns, glaube ich, wie universal die ursprüngliche Weisheit ist. Denn es hat sicherlich keinen Kontakt gegeben zwischen jenen sehr alten europäischen Geschichten und diesen
sehr alten indianischen Geschichten.

(Dr. Franz Winkler)

Lied der kleinen-großen Maus

Es lebten einmal einige Mäuse unter einem krummen Holz-
balken; und sie glaubten, sie seien die einzigen Leute in der
ganzen Welt. Eine von ihnen stellte sich auf und streckte ihre
kleinen Arme nach oben. Siehe da, sie konnte gerade die un-
tere Seite des Balkens berühren. Sie glaubte aber, sie sei sehr
groß und reiche bis an den Himmel. Deshalb tanzte sie und
sang dieses Lied:

> In der ganzen weiten Welt
> wer ist da
> wie ich kleine Maus!
>
> Wer ist da wie ich!
> Ich kann den Himmel berühren.
> Wirklich, ich reiche bis an den Himmel.

(Winnebago)

Zu den Prinzipien indianischer Erziehung läßt sich etwa folgendes sagen: Vor allem bei den Prärie-Indianern sind geläufige Ziele der moralischen Erziehung: Großzügigkeit, Selbstbeherrschung und Tapferkeit. Um Kinder in die Großzügigkeit einzuüben, kam es häufiger vor, daß die Mutter dem Kind einen Teller mit Nahrungsmitteln gab, den es zu Nachbarn bringen sollte. Jeder, der ein Kind bei solchem Botengang erblickte, lobte und pries es. So wurde die Haltung des Teilens und Abgebens diesen Kindern schon in frühesten Jahren vermittelt. „Das heutige Dakota-Kind wird sorgfältig dazu erzogen, freigebig zu sein" (Erik Erikson, S. 154).

Ein Weg zum Erlernen der Selbstbeherrschung war gelegentliches Fasten. Ein Kind aß dann während einer Mahlzeit, während eines Tages oder auch mehrere Tage lang keine Nahrung. Der Hintergrund dieses Fastens war meistens auch religiöser Natur – und zugleich eine Folge gelegentlich wiederkehrender Hungersnöte, mit denen der Heranwachsende dann eher fertig werden konnte. Vor allem ging es aber um die Erziehung zur Selbstbeherrschung in zahlreichen Situationen des Lebens. Diesen Erfahrungen widerspricht auch nicht, daß indianische Erziehung im großen und ganzen entspannt, sanft und großzügig war. Charles Alexander Eastman, ein Sioux-Indianer, schreibt in dem Buch „Die Seele des Indianers" (S. 50f.): „Liebe zu irdischem Besitz betrachteten wir als Schwäche, die man bezwingen mußte, weil sie allmählich das geistige Gleichgewicht störte, wenn man ihr nicht Einhalt gebot. Daher mußte das Kind schon früh das schöne Bewußtsein der Freigebigkeit kennenlernen. Man lehrte es, gerade das, was es am liebsten hatte, zu verschenken, und machte es schon in jungen Jahren zum Almosen-Verteiler der Familie, damit es das Glück des Schenkens schätzen lernte. Zeigte sich ein Kind habgierig oder hing es zu sehr an seinen kleinen Besitztümern, so wurden ihm alte Geschichten erzählt, in denen der Engherzige und der Geizige mit Verachtung und Entehrung gestraft wurden." Der Sioux-Häuptling Standing Bear sagt von den Er-

ziehungsmethoden seiner Eltern: „Bei der Erziehung bediente sich mein Vater etwa der gleichen Methoden wie meine Mutter. Er sagte niemals: ,Dies mußt du tun' oder ,Das mußt du tun'. Vielmehr sagte er, wenn er selbst etwas Bestimmtes tat, zu mir etwa folgendes: ,Mein Sohn, eines Tages, wenn du ein Mann bist, dann wirst du dieses auch tun'" (Land of the Spotted Eagle, S. 19).

„Meine Mutter sagte immer zu mir: ,Wenn du von deinen Kindern etwas forderst, so sorge dafür, daß du auch selbst danach lebst. Lebe selbst danach und versuche niemals, deine Kinder es erleben zu lassen, daß du deinem eigenen Rat nicht folgst. Wenn du das tust, dann werden sie in Zukunft deinem schlechten Beispiel folgen.' Mit anderen Worten ...: was ich von ihnen fordere, das muß ich auch selbst leisten" (Victor Sarracino, Pueblo, 1972).

Die Freiheit indianischer Erziehung wird in folgender Aussage des Crow-Indianers Henry Old Coyote deutlich:

„Indianer zwingen niemanden, etwas zu tun; sie nennen dir die guten Gründe für etwas; doch dann liegt es an dir, es von dir aus zu tun. Niemand hat mich je gezwungen, zum Fasten in die Berge zu gehen oder an einer Zeremonie teilzunehmen. Ich habe es getan, weil ich es wollte. Sie gaben mir zwar das Gefühl, daß ich es tun sollte, aber sie zwangen mich nicht. Indianer betonen die Tatsache, daß man an etwas glauben sollte. Denn wenn man einem Prinzip folgt, dann ist man auch in der Lage, sich selbst auf dieses Prinzip auszurichten" (Morey/Gilliam, S. 73f.).

Insgesamt wurde in der Erziehung mehr mit Lob und ehrender Anerkennung gearbeitet als mit Tadel und Strafe.

„Die kindliche Entwicklung wird von den Erwachsenen mit Geduld und Vergnügen beobachtet. Das Kind wird nicht angetrieben, schnell laufen oder sprechen zu lernen ... Die Hauptmittel der Erziehung sind Warnung und Beschämung. Den Kindern wird gestattet, vor Wut zu brüllen; das macht sie stark" (Erik Erikson, S. 154).

Spruch an ein Kind

Steh für das ein, was richtig ist.
Arbeite hart.
Teile mit anderen;
niemand lebt durch seine eigene Kraft;
aus uns allein sind wir nichts.

Denk daran:
      Du bist eine wichtige Person.
Wenn du den Willen hast,
            ein Leben in Stärke zu führen,
                  dann wird es so sein.

Denke gute Gedanken.
Bete mit deiner ganzen Kraft.
Und du wirst ein gutes Leben führen.

(Oke-Oweenge, Hopi-Tewa)

Spruch eines Kindes

Die Augen des Adlers sind in mir
und die Sanftheit des Hasen.

Die Schnelligkeit des Hirsches ist in meinen Beinen
und die Süße des Ahornzuckers in meinem Munde.

Die Zähigkeit des Bären ist in mir,
und die Farbe des Goldfasanen ist in meiner Haut.

Der Ruf des Haubentauchers ist auf meiner Zunge,
und der Schrei des Rebhuhns schlägt in meinen Händen.

Auch die Stille der Pinien ist in mir.

(Chippewa)

Braunes Kind des roten Sandes

Meine Mutter sagte immer zu mir:
> Braunes Kind des roten Sandes,
> wasche deine Füße
> bei den Blumen im Fluß.

> Dann steig hoch auf die Felsen
> und –
> mit deinem Strahlen
> laß die Sterne verblassen.

(Anita Endrezze-Probst)

140

Nicht nur Namen haben Macht, sondern Sprache ist schöpferisch. Deshalb – so sagte der Crow-Indianer Henry Old Coyote – werden Kinder gelehrt, vorsichtig und achtsam mit Worten umzugehen. Denn mit Worten kann man einen Menschen aufbauen – oder man kann ihn niederreißen. So mächtig ist Sprache.

Der umfassendere Erziehungsgedanke hinter diesen Überlegungen bündelt sich offensichtlich in dem Begriff ‚respect‘. Dieses Wort, das wir mit ‚Achtung‘ oder ‚Ehrfurcht‘ übersetzen müssen, wird von verschiedenen Indianern immer wieder als entscheidendes Kennzeichen ihrer Kultur herausgestellt. Wichtig ist dabei, daß dieser Begriff ‚respect‘ nicht nur eine Haltung gegenüber Mitmenschen und gegenüber Gott charakterisiert, sondern daß damit eine Grundhaltung des Menschen gegenüber allem Seienden, also auch gegenüber dem Bereich der (für uns) unbelebten Natur, gemeint ist.

Deshalb betonte Henry Old Coyote, daß Kindern diese Haltung der Achtung schon vermittelt wurde, bevor sie zu sprechen begannen. Und der Kiowa-Indianer Allen Quetone zog eine Verbindungslinie zwischen der indianischen Erziehung zur Achtung und Ehrfurcht auf der einen Seite – und der Tatsache, daß Indianer ihre Kinder fast niemals schlugen, auf der anderen Seite: „Solange Kinder Achtung vor dir haben und deshalb auf deine Worte hören, brauchst du sie zu nichts zu zwingen; und du brauchst sie niemals zu schlagen" (Morey/Gilliam, S. 162).

Dieses Erziehungsmittel ‚respect’ ist so zentral bei Indianern, daß nach ihrer Auffassung auch indianische Kinder- und Wiegenlieder im Dienste dieser Erziehung stehen. Denn in diesen Liedern wird auch immer wieder der Gedanke der Achtung gegenüber bestimmten Dingen und gegenüber anderen Menschen angesprochen, und man erwartet, daß durch die Erziehung zur Achtung vor anderen auch eine Erziehung zur Selbstachtung stattfindet. „Selbstachtung ist eine der Qualitäten, die mein Volk betont und die es zu nähren trachtet ... Wenn man seine Selbstachtung verliert, geht es nur noch abwärts" (S. 40).

Alte Krähe

Als der Herr der Morgendämmerung erschien
        und die gefiederte Schlange zurückkehrte,
da erzählte mir eine alte Krähe,
        wie man ein gutes Leben haben könne,
        und – sagte sie –
                sie lernte es auf natürliche Weise:

Hab Freunde;
        halte deine Augen offen;
        zünde das Feuer an
        und nimm wahr,
                wie das Feuer flüstert;
        nimm all die Schönheit wahr,
        die dich umgibt –
                unten
                oben;
        nimm jeden Ort wahr,
        breite ihn aus –
                zum zweiten Male
                rundherum
                langsamer;
        und jedesmal
                sing dazu ein Lied –
                und
                        dir werden Flügel wachsen.

(Juan Reyna, Aztec-Xicano)

Hier wollen wir an einem Beispiel die erste Begegnung eines indianischen Kindes mit einem Weißen miterleben.

„Als ich etwa fünf Jahre war (um das Jahr 1900), nahm meine Großmutter mich mit, um Nachbarn zu besuchen. Wie immer, so kam auch jetzt mein kleiner schwarzer Hund mit uns. Als wir auf einer Lehmstraße dahergingen, sah ich plötzlich einen Reiter auf uns zu kommen. Er sah so seltsam aus, daß ich mich hinter meiner Großmutter versteckte, und mein Hündchen versteckte sich hinter mir ... Als er näherkam, schaute ich ihn mir genauer an. Ich hatte niemals soviel Haar an einem Mann gesehen. Es bedeckte sein ganzes Gesicht und wuchs auch noch auf seiner Brust – vielleicht auch noch tiefer; aber dort, wo es darauf ankam, hatte er kein Haar, nämlich auf seinem Kopf. Sein Haar hatte eine hellbraune Farbe, so daß er aussah wie eine Matratze, die lebendig geworden ist. Augen hatte er wie eine tote Eule; sie zeigten eine wäßrige blaugrüne Färbung. Er kaute auf etwas herum, das wie ein rauchender Zuckerriegel aussah. Später fand ich heraus, daß es eine Zigarre war. Doch dieser Mann genoß gleich doppelt, denn gleichzeitig kaute er auf einem Stück Tabak herum. Hin und wieder nahm er die rauchende Zuckerstange aus seinem Mund und spie einen langen Streifen braunen Saftes aus. Ich fragte mich, warum er dauernd etwas aß, das so schlecht schmeckte, daß er es nicht im Mund behalten konnte ...

Der Mann begann seltsame Laute von sich zu geben. Er sprach, doch wir konnten ihn nicht verstehen, weil es Englisch war. Er zeigte auf die schönen, mit Perlen verzierten Mokassins meiner Großmutter und zog irgendwelche rechteckigen grünen Froschhäute aus seiner Tasche, um zu handeln. Ich glaube, es waren Dollarnoten. Aber Großmutter wollte nicht tauschen, weil sie in ihren Mokassins goldene Münzen versteckt hatte. Der Mann muß die wohl gerochen haben.

Dieses war der erste weiße Mann, den ich sah" (Richard Erdoes, S. 23f.).

An ein Kind,

das mit ausgestreckten Armen
　　　　im Canyon de Chelly läuft.

Du bist klein
und intensiv in deiner Erregung.
Du bist ganz
und eingetaucht in Wonne.

Die dich umgebende Natur
ist ungeheuer.

Die Sanddünen
brechen und rollen
durch Spalten von Licht und Schatten.

Du umfaßt
den Geist dieses Ortes.

(Scott N. Momaday,
Kiowa-Indianer)

Die Geschichte der staatlichen Erziehung junger Indianer in den Vereinigten Staaten ist weitgehend eine Geschichte von Frustration und Vergeblichkeit. Wenn ein Kind sechs oder mehr Jahre mit den Mythen, Legenden und kleinen Zeremonien des eigenen Volkes aufgewachsen ist, dann hat es diese Dinge meistens sehr intensiv verinnerlicht. Vielleicht ist es sogar einmal Patient und damit der Mittelpunkt einer Heilungszeremonie gewesen. Mit seiner Familie hat es manchmal tage- oder nächtelang maskierte Tänzer singen und tanzen gesehen und diese Tänzer zunächst als göttliche Wesen verstanden. Sein Unbewußtes ist von den erregenden Bildern und Geschehnissen, die es gesehen und gehört hat, zutiefst geprägt. – Doch dann wird es plötzlich – oftmals gegen seinen eigenen Willen und den seiner Eltern – in eine Schule der Weißen gesteckt; es wird ihm das Sprechen in seiner Muttersprache verboten; es wird mit den völlig andersgearteten christlichen Lehren und Bildern bedrängt.

Kein Wunder, daß in vielen Fällen diese ‚weiße‘ Erziehung nicht mehr als ein Anstrich bleibt und daß später immer wieder die ursprünglichen Bilder und Vorstellungen der frühesten Kindheit durchbrechen. Viel schlimmer sind noch die zahlreichen Fälle, in denen der Kampf dieser gegensätzlichen kulturellen und religiösen Einflüsse die Entstehung einer eigenen Identität unmöglich macht(e) und diese Menschen dann als Erwachsene kulturell und religiös in ein Nichts fallen und einfach untergehen. Schon um 1800 sprach der Häuptling Red Jacket einen solchen Indianer einmal mit den Worten an: „Wen haben wir hier? Du bist weder ein Weißer noch ein Indianer; um Himmels willen, sag uns, wer du bist!"

An diesem Beispiel wird klar, daß schon seit dem Ende des 18. Jahrhunderts die Regierung der USA versucht hat, Indianer schulisch zu erziehen. Es waren oft genug Versuche der Indoktrination, um die indianischen Kinder ihre Kultur vergessen zu machen und sie dann in den amerikanischen Schmelztiegel einzurühren. Schon 1775, also bevor es die USA

überhaupt gab, wurden vom Continental Congress 500 Dollar zur Verfügung gestellt, um Indianer im Dartmouth College zu erziehen. 1819 verabschiedete der Kongreß der USA ein Gesetz, das christlichen Missionaren Geld zur Verfügung stellte, um Indianer zu „zivilisieren" und zu „christianisieren". Im Jahre 1865 empfahl ein Ausschuß des Kongresses, Internatsschulen weit entfernt von den indianischen Siedlungen zu gründen, damit dort die Kinder dem Erziehungseinfluß ihrer Familien entzogen werden könnten. Mit sechs oder sieben Jahren wurden Kinder (oftmals gewaltsam) von den Reservationen geholt und in solche weit entfernten Internatsschulen gesteckt. Stellenweise spielten sich erschütternde Guerilla-Kriege um die Kinder zwischen indianischen Eltern und weißen Schulbehörden ab.

Bis 1900 gab es 25 solcher Internatsschulen, in denen die Kinder keine heimatliche Kleidung und keinen indianischen Haarschnitt tragen durften; in denen sie nicht ihre Muttersprache sprechen und nicht ihren religiösen Traditionen nachgehen durften. – Ein ähnlich brutales Mittel der Entfremdung (von allem Indianischem) und der Assimilation (an alles Euro-Amerikanische) war die (weitgehend erzwungene) Unterbringung indianischer Kinder in weißen Pflege- und Adoptivfamilien. Es gibt erschütternde Berichte von den Erlebnissen und Erfahrungen dieser Kinder.

Das indianische Kind, das von einer solchen Internatsschule oder einer Pflegefamilie auf die Reservation zurückkehrte, verstand oft die Welt der eigenen Eltern nicht mehr, ohne doch schon selbst in der Welt der Weißen verwurzelt zu sein. Da es auch von den eigenen Stammesangehörigen mit Mißtrauen behandelt wurde, fand es sich in einem kulturellen Schwebezustand, einem Niemandsland, wieder, das ihm weder eine Teilnahme an der Welt der Weißen noch eine Identifizierung mit der Tradition der eigenen Eltern erlaubte.

Ein Identitätsverlust mit nachfolgenden katastrophalen Einbrüchen in Form von Alkoholismus, hoher Selbstmordrate

147

und anderem war vorprogrammiert. Heute kann man diese Konsequenzen einer unreflektierten und ungezügelten schulischen Integrationspolitik auf vielen Reservationen mit eigenen Augen sehen.

Das folgende Lied wurde von einer indianischen Schülerin gesungen, als sie ihre Familie wieder verlassen und zur Internatsschule zurückkehren mußte. Ihr Name ist Wichapi-Wakan (Holy Star), und sie gehört zum Stamme der Dakota.

Zum letzten Male, komm und grüß mich;
zum letzten Male, komm und grüß mich,
lieber Freund, dich alleine habe ich geliebt!
Jetzt muß ich zur Schule fort!
Zum letzten Male, komm und grüß mich;
zum letzten Male, komm und nimm meine Hand!

Da indianische Kinder häufig mehrere Jahre im Internat blieben, ohne nur einmal nach Hause zurückkehren zu können, war ihre Entfremdung von ihren Eltern und vom Stammesleben oftmals nahezu total. Wenn sie dann nach Jahren nach Hause zurückkehrten, konnten sie sich oftmals mit ihren Eltern nicht mehr unterhalten, da sie die Stammessprache jahrelang nicht gesprochen und schließlich fast vergessen hatten. Sie verstanden aber auch das Verhalten und die Reaktionen ihrer Familienangehörigen nicht mehr, noch deren Sitten oder Zeremonien, so daß viele von ihnen emotional, psychisch und kulturell in ein totales Vakuum fielen. Im Lied der Holy Star wird etwas von dieser Not eines Kindes, das verlorenzugehen droht, hörbar.

(Natalie Curtis)

Als ich im Reservat aufwuchs

Als ich im Reservat aufwuchs,
versorgte ich die Pferde meines Großvaters,
oder ich war mit meinem Vater auf der Jagd.

Dann sah ich diese Farben:
      die untergehende Sonne,
      die aufgehende Sonne,
      den Mittag,
      die Sommerzeit,
      den Mais,
      in der Ferne die Mesas,
      auf die die Strahlen trafen.

Das sind die Farben, die ich sah,
die Gestalten und Schatten,
die unwirkliche Formen auf das Land zeichneten.

*(Dan Namingha, Hopi-Künstler,
geb. 1950)*

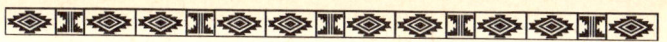

Die Navajo-Frau Gli Nezbah (geboren 1907) erinnert sich an ihre Kinder- und Schultage:

„Als Kind wurde ich hin- und hergeschoben zwischen meinem Leben als Navajo und den Schulen der Weißen; und ich glaube, dies ist der Grund für einige meiner unterschiedlichen Charakterzüge. Schon in meinen frühen Jahren entwickelte ich Gefühle der Unterlegenheit und der Unsicherheit. Niemand schien sich mehr um mich zu kümmern, nachdem ich von Großmutter fortgenommen worden war. Bis in die Jahre nach meiner Pubertät war ich ungewöhnlich furchtsam. Ich hatte Angst vor der Dunkelheit, vor Menschen, vor dem Blitz und vor dem Donner. Bis heute habe ich Angst vor Blitzen. Dreimal wurde ich beinahe von einem Blitz getroffen; einmal schlug er so nah bei mir ein, daß ich bewußtlos wurde.

Kurz nach dieser Erfahrung wurde ich krank und mußte zwei Monate lang während der Ferien das Bett hüten. Ich hatte Schmerzen im Unterleib und konnte nicht aufstehen oder herumgehen. Ich verlor meinen Appetit und war nur noch Haut und Knochen ...

Eines Tages konnte mein Vater es nicht mehr aushalten, mich leiden zu sehen. Mit Tränen in den Augen sagte er zu meiner Stiefmutter: ,Ich werde noch einmal einige Zweige und wilde Kräuter sammeln und ihr dann ein Schwitzbad mit der Zeremonie Tónloee nlóeeto tóójí bereiten.'

Mittags kam er mit einer Ladung Zweige und Kräuter zurück. Er machte ein Feuer und erhitzte mehrere ziemlich große Steine, bis sie rot glühten. Diese legte er dann in ein Loch im Boden und bedeckte sie mit den frischen Zweigen und Kräutern. Dann legte man mich darauf und wickelte mich in mehrere Decken ein. Immer wieder gab man mir einen Kräutertee zu trinken. Dieses dauerte, bis die Hitze verschwand. Ich wurde dann in meine Behausung zurückgebracht. Dort schlief ich den Rest des Tages. Als ich aufwachte, fühlte ich ein plötzliches Bedürfnis aufzustehen. Man erlaubte es mir, und mit Hilfe einiger Stöcke begann ich zu gehen.

Zwei Wochen später kehrte ich zur Schule zurück" (Irene Stewart, S. 20f.).

Diese Navajo-Frau berichtet auch, wie sie nach vierjährigem Besuch einer Internatsschule ihren Vater wiedertraf:

„Als ich nach meiner Rückkehr von Haskell meinen Vater in Fort Defiance wiedertraf, kannte ich ihn kaum wieder. Er hatte Jahre zugelegt und war alt und dünn geworden. Auch seine Augen ruhten lange Zeit auf mir. Ich glaube, er wunderte sich über mein kurzgeschnittenes Haar und überhaupt über mein neues Aussehen, vielleicht sogar über meine Bewegungen. Es war eine peinliche Situation – ich fühlte mich wieder einmal deplaziert. Was ein Navajo-Mädchen in solchen emotionalen Wechselbädern empfindet, das kann nur derjenige ermessen, der sie selbst durchgemacht hat" (S. 33).

Mein Kind,

komm nach Hause!

Mein Kind,
komm nach Hause!

Gedanken an ein gutes Land
werden dich nach Hause geleiten.

So spricht der Vater.
So spricht der Vater.

Ate heye lo! Ate heye lo!

Ich liebe meine Kinder – Yeye!
Ich liebe meine Kinder – Yeye!

Ihr sollt zu einem Volk heranwachsen!
Ihr sollt zu einem Volk heranwachsen!

Yeye!

Hier kommt der Wunsch vieler Indianer zum Ausdruck, daß die Kinder von den Schulen der Weißen auf die Reservation zurückkehren mögen, um für das eigene Volk zu arbeiten.

(Nach: Stan Steiner)

Schulische Erziehung, vor allem die Unterbringung in Internaten, war das Mittel, durch das indianische Kinder ihrer Heimat, ihren Eltern, ihrer Großfamilie und ihrem kulturellen Erbe entfremdet werden sollten. Es war tatsächlich ein Versuch, die ‚wilden Gewohnheiten‘ und die ‚Stammesethik‘ aus den Köpfen der Kinder auszutreiben und sie durch ein Wertsystem der weißen Mittelklasse zu ersetzen. Das wird auch in einem Bericht des Senatskomitees über indianische Erziehung von 1969 zugegeben. Auch Missionsschulen wurden für Jungen und Mädchen eingerichtet in der Absicht, die Kinder von ihren Familien und der Reservation zu trennen, sie von ihren Stammessitten und –sagen zu lösen, sie ihre Muttersprache vergessen zu machen und sie für ein Leben fern von ihrem Volk vorzubereiten. Deshalb wurden Kinder auch absichtlich so lange fern von ihren Eltern in Internatsschulen festgehalten, bis beide einander fremd wurden.

Der Kongreß in Washington gab dem Innenminister die Erlaubnis, indianischen Familien, die sich der Zwangserziehung ihrer Kinder widersetzten, Nahrungsmittel vorzuenthalten. Je weiter die Internatsschulen von der Reservation entfernt waren, um so leichter schien es möglich, die Kinder ihre heimatliche Lebensform vergessen zu lassen. In allen weltlichen und kirchlichen Institutionen herrschte die Überzeugung, daß die europäische Kultur an der Spitze aller Kulturen stehe – so wie die christliche Religion an der Spitze aller Religionen –, so daß es für die Menschen aller anderen Kulturen letztlich eine Wohltat sei, sie zum Christentum und zur europäischen Lebensform zu bekehren.

Welche Tragödien dieser eurozentrische, ethnozentrische und religiozentrische Absolutheitsanspruch Europas bei den Menschen anderer Kulturen angerichtet hat, kann man bis heute auf vielen Indianerreservationen Nordamerikas sehen. Nicht nur, daß Kinder ihren Eltern und der angestammten Kultur und Religion entfremdet wurden und daß die kulturelle und religiöse Entwurzelung und Heimatlosigkeit zahllose In-

dianer Zuflucht suchen läßt in Alkohol und anderen Drogen: Es wurde auch Zwietracht in die einzelnen Völker, Stämme und Gemeinschaften hineingetragen, da diejenigen, die zu einer christlich-europäischen Lebensform konvertiert waren, sich nicht mehr in ihre frühere Gemeinschaft integrieren konnten und wollten. Außerdem fühlten sie sich dazu aufgerufen, die anderen Mitglieder ihres Volkes von ihrem ‚falschen' Weg abzubringen.

In vielen Stämmen entstanden so traditionelle und christliche Gruppierungen nebeneinander, die dann in zahlreichen Situationen gegeneinander arbeiteten. Spanische Franziskaner versuchten, Indianer zum Katholizismus und zur spanischen Lebensform hinzuführen; englische Protestanten versuchten, Indianer zu zivilisieren und zu anglisieren; französische Jesuiten versuchten, Indianer zu christianisieren und sie französischen Lebensstandards anzupassen. Fast überall war Zwietracht innerhalb der Stämme eine Folge dieser Konversionen (vgl. Hirschfelder/Byler/Dorris, S. 247 ff.).

1928 kündigte sich ein Wandel an. Es erschien der berühmte Meriam-Report, der das System der Internatsschulen für Indianer kritisierte und statt dessen Tagesschulen auf den Reservationen forderte. Außerdem schlug er vor, daß indianische Kinder in den Schulen auch ihre eigene Kultur näher kennenlernen sollten. So wurden nach 1930 zunächst einmal die rücksichtslosen Versuche der Integration von Indianern in die Gesellschaft der Weißen beendet. Doch die Folgen dieser früheren Erziehung kann man bis heute auf nahezu jeder Reservation sehen.

Ein Stück Land

Als ich ein Kind war,
gab es ein Stück Land,
auf dem wir Kinder spielten.

Wir lachten vor Freude
und hatten unseren Spaß.
Wir liefen frei darauf herum,
wie die Möwe,
die hoch in den Himmel fliegt.

Wir kümmerten uns nicht
um den Widerstreit des Lebens,
der draußen in der Welt ablief.
Wir dachten nur
an unsere frohen Spiele
auf dem Stück Land,
an das ich mich so gut erinnere.

Das Stück Land
war ebenso frei und offen
wie der weite Himmel über uns.
Es war da für uns,
um darauf zu spielen.
Es war da für jeden,
um es zu benutzen.

Aber jetzt,
inmitten dieses Umbruchs,
hat man ein Haus aus Beton
darauf errichtet.
Einen Zaun hat man gezogen,
damit wir es nicht mehr betreten können
ohne Erlaubnis der Behörden,
die diesen Klotz aus Beton errichteten,

der uns keine Freude bereitet,
wenn unsere Augen ihn erblicken.

Diejenigen,
die diesen Betonklotz errichteten,
fragten mein Volk gar nicht,
ob sie das Land haben könnten.

Sie kamen einfach
und begannen, das Land zu begutachten.
Und wir fragten uns,
warum sie es vermaßen
und warum sie Holzpfähle in den Boden schlugen.

Und als sie anfingen,
das Stück umzugraben,
da fragten wir uns,
ob sie Gräber aushoben
oder wertvolle Steine suchten,
die dich zum reichsten Mann auf Erden machen können
– so hatten wir gehört.

Das Gebäude aus Beton
steht noch auf dem Stück Land,
das bei mir Erinnerungen weckt an die Freude,
die wir als Kinder empfanden,
wenn wir darauf spielten,
uns darauf tummelten
frei wie die Möwe,
die hoch in den weiten Himmel fliegt.

Heute spielt niemand mehr darauf ...

(Alootook Ipeelie)

In den Jahren 1967 bis 1969 wurde das indianische Schulwesen in den USA einer Prüfung unterzogen, und zwar durch einen speziellen Unterausschuß des Senatsausschusses für Arbeit und Öffentliche Wohlfahrt. Leiter dieses Unterausschusses war zunächst der Senator Robert F. Kennedy und nach seiner Ermordung sein Bruder, Senator Edward N. Kennedy. Der Ausschuß führte in verschiedenen Teilen des Landes Anhörungen durch und sah sich viele Schulen an, die von indianischen Kindern besucht werden. Die Aufzeichnungen des Ausschusses wurden später großenteils veröffentlicht – zusammen mit einer größeren Zahl von Empfehlungen zur Änderung der Erziehung von Indianern. Die Kritik des Komitees wandte sich vor allem dagegen, daß in den Schulen keine Anstrengungen unternommen wurden, Indianer über ihre eigene Geschichte und Kultur zu unterrichten – und auch, daß die indianischen Gemeinschaften praktisch keinen Anteil an der Kontrolle ihrer eigenen Schulen hatten. Es wurde kritisiert, daß sehr viele indianische Kinder infolge dieser Umstände vorzeitig die Schule verließen.

Es folgen hier einige Teile aus der Zusammenfassung des Berichts, den dieser Untersuchungsausschuß erstellt hat:

„Wir sind deshalb zu dem Schluß gekommen, daß unsere nationale Politik der indianischen Erziehung weitestgehend gescheitert ist. Diese Politik hat indianischen Kindern weder in der Vergangenheit noch in der Gegenwart Erziehungsmöglichkeiten geboten, die auch nur annähernd denen vergleichbar sind, die den allermeisten nichtindianischen Kindern angeboten werden ... Die Politik und die Programme unseres Landes für die Erziehung von Indianern sind eine nationale Tragödie" (vgl. Virgil J. Vogel, S. 233-237).

Im Jahre 1966 gründeten die Navajo auf ihrer Reservation die Rough Rock Demonstration School. Dieses war die erste Schule, die von Indianern geleitet wurde und die dem Stamm gehörte. Das Curriculum dieser Schule umfaßt sowohl Sprache, Kultur und Geschichte der Navajo wie auch die Sprache,

Kultur und Geschichte der Vereinigten Staaten. In den folgenden Jahren wurden zahlreiche Schulen nach ähnlichem Muster
gegründet.

Im College-Bereich gibt es inzwischen spezielle indianische
Einrichtungen, nachdem 1968 der Navajo-Stamm das Navajo
Community College (NCC) gegründet hat. An diesen Lehran-
stalten gilt das Konzept einer zweisprachigen Bildung (Stammessprache und Englisch) unter vollständiger indianischer
Kontrolle. Außerdem wird indianische Weltorientierung ver-
suchsweise in die moderne Praxis übertragen: Die ganze Anla-
ge des Navajo Community College ist nach Osten orientiert –
so wie es für jede Navajo-Behausung gilt. Und am Sinte Gles-
ca College (SGC) der Sioux in South Dakota erhalten Abgän-
ger ihr Diplom auf einem handgefertigten Stück Leder, und
eine Adlerfeder wird bei der Abschiedsfeier in ihr Haar gebunden.

1972 wurde im Kongreß in Washington eine „Indian Education Act" und 1975 eine „Indian Self-Determination and Education Assistance Act" verabschiedet. In beiden wird die Teilnahme indianischer Eltern am Erziehungsprozeß ihrer Kinder
in der Schule besonders hervorgehoben. Außerdem sollen nun
zusätzlich zur euro-amerikanischen Geschichte und Kultur
auch die Traditionen des jeweiligen indianischen Volkes – seine Sprache, seine Religion, sein Wertesystem – zum Gegenstand des Unterrichts gemacht werden.

Die Zukunft wird zeigen, wie ‚indianisch' eine solche Erziehung heute noch sein kann und sein wird (vgl. A. Hirschfelder,
S. 66 ff.).

Hevebe-Lied der (Hopi-)Indianer

Die Hopi leben in einer Wüstenregion des Staates Arizona, wo immer Bedarf an Wasser besteht. Deshalb steht im Zentrum aller Zeremonien und Lieder der Hopi die Bitte um Regen.

Dieses ist ein sogenanntes Hevebe-Lied kleiner Mädchen. Hevebe ist ein altes Hopi-Wort, das möglicherweise eine bestimmte Wolkenformation oder eine geistige Wesenheit der Wolken bezeichnet. „Die Kinder stehen nackt in einer Reihe vor den Häusern, klatschen zu dem folgenden Lied in ihre Hände, während die Erwachsenen von den (flachen) Hausdächern herab die Kinder mit Wasser bespritzen" (Natalie Curtis). Die kleinen Mädchen singen, lachen und reiben das Wasser in ihre Haut.

Worte und Szene sind eine symbolische Bitte um Regen. Wie das Wasser von den Dächern herniederströmt, so soll es auch vom Himmel auf die Felder niederregnen. Deshalb versammeln sich die Kinder auch manchmal zu diesem Spiel und Lied, wenn es zu regnen beginnt:

> Hevebeta, komm, komm.
> > Ströme, ström hernieder.
> > Ströme, ström hernieder.
> Ströme hernieder, ström hernieder – ow!
> Ströme hernieder, ström hernieder – ow!

> Hierher, fliegende Wolke.
> Hierher, fliegende Wolke.
> Hierher, fliegende Wolke.
> > Regne mich naß.
> > Regne mich naß.

> Wolke, komm, bade mich!
> Hierher, beeile dich.
> Hierher, beeile dich.

Komm, komm, komm, komm.

    Ströme, ström hernieder.
    Ströme, ström hernieder.
        Oh, verwandle mich jetzt.
        Oh, verwandle mich jetzt.
            In einen Strauß von Blumen.
            In einen Strauß von Regenschauern.

    Hevebeta, komm, komm.
        Ströme, ström hernieder.
        Ströme, ström hernieder.
    Ström hernieder, ström hernieder – ow!
    Ström hernieder, ström hernieder – ow!

Praktisch alle Kinder auf Indianerreservationen besuchen heute Schulen verschiedener Art. Die meisten besuchen öffentliche Schulen, die z. T. vom Büro für indianische Angelegenheiten (BIA) eingerichtet wurden. Andere gehen zu den genannten Indianerschulen, zu Missionsschulen oder Privatschulen. In diesen Schulen wird heute in der Regel zumindest nicht mehr versucht, das Indianische in den Kindern bewußt zu unterdrücken. Indianer betonen gelegentlich, daß indianische Kinder heute eine zweihundertprozentige Erziehung brauchen: 100 Prozent indianisch und 100 Prozent weiß.

Bei den Arapahoe-Indianern besuchen viele Kinder Missionsschulen, die zwar auf der Reservation liegen, aber zugleich mit Internaten ausgestattet sind. Dort bleiben die Kinder dann von Montagmorgen bis Freitagabend und verbringen nur das Wochenende mit ihren Familien. Da diese Schulen und die Unterbringung in der Regel kostenlos sind, bedeuten sie natürlich eine große finanzielle Entlastung für die Familien. Zugleich läßt sich jedoch auch hier eine Entfremdung der Kinder von den Familien und von der gesamten indianischen Lebensform kaum vermeiden. Allerdings ist die Entfremdung nicht mehr so intensiv wie in früheren Jahrzehnten, als manche Indianerkinder nicht einmal während der Sommerferien die Internatsschulen verlassen und in die Familie zurückkehren durften.

Aber auch die Entfremdung von der Familie während der Wochentage zeitigt Konsequenzen, zumal auch in Reservationsschulen die meisten Lehrer Weiße sind und die Unterrichtssprache in aller Regel Englisch ist. Außerdem wird kulturelle Orientierungslosigkeit von der Elterngeneration vielfach an die heutige Schülergeneration weitergegeben (vgl. Tom Shakespeare, S. 94).

Wieviel Indianisches überhaupt überlebt hat, ist eine schwierige und von Volk zu Volk anders zu beantwortende Frage.

„Als Kind wußte ich, wie man andere Menschen teilhaben

läßt an dem, was man hat; diese Gabe habe ich vergessen, seitdem ich zivilisiert wurde. Damals lebte ich das natürliche Leben, jetzt lebe ich das künstliche. Jeder schöne Stein hatte damals einen Wert für mich; jeder wachsende Baum war ein Gegenstand der Verehrung. Jetzt stehe ich mit dem weißen Mann in Ehrfurcht vor einer gemalten Landschaft, deren Wert in Dollar geschätzt wird! So wird der Indianer umgeformt – wie natürliche Steine zu Pulver gemahlen und in künstliche Blöcke gegossen werden, die man dann in die Mauern der modernen Gesellschaft einfügen kann" (Ohiyesa – Dr. Charles Eastman, Sioux).

Die Gegensätze in der Erziehung zwischen ‚Rot' und ‚Weiß' werden an zahlreichen Stellen offenbar. Es gibt da zum Beispiel eine Episode aus dem Jahre 1744, die auch dann noch lesenswert ist, wenn wir bedenken, wie sich inzwischen Ziele und Wege indianischer Erziehung gewandelt haben:

Im Juni des Jahres 1744 hatte der Gouverneur der (stets indianerfreundlichen) Kolonie Pennsylvania sowohl einige Vertreter der Kolonien Maryland und Virginia als auch geistige und politische Führer der Irokesen zu einem Treffen eingeladen. Dabei bot der Gouverneur den Indianern an, acht oder zehn Jugendliche ihres Volkes auszusuchen, die dann nach Williamsburg geschickt werden könnten, um dort eine gute Erziehung zu erhalten. Ein Sprecher der Irokesen mit Namen Canassatego erhob sich und erklärte für die Irokesen:

„... ihr, die ihr weise seid, müßt wissen, daß verschiedene Völker verschiedene Vorstellungen von der Welt haben; und ihr werdet es darum nicht falsch verstehen, wenn unsere Ideen von dieser Art Erziehung nicht die gleichen sind wie eure. Wir sprechen da aus Erfahrung: Mehrere unserer jungen Leute wurden in den Colleges der nördlichen Provinzen erzogen. Sie wurden in all euren Wissenschaften unterrichtet. Aber als sie zu uns zurückkamen, waren sie schlechte Läufer, wußten nicht, wie man in den Wäldern lebt, waren unfähig, Kälte und Hunger zu ertragen, hatten keine Ahnung, wie man eine Hüt-

te baut, einen Hirsch jagt oder einen Feind tötet. Sie sprachen unsere Sprache schlecht und waren daher weder als Jäger noch als Krieger oder als Ratgeber zu gebrauchen. Sie waren einfach für nichts gut (= totally good for nothing).

Obwohl wir also euer freundliches Angebot ablehnen, fühlen wir uns euch gleichwohl verpflichtet. Darum wollen wir unsere Dankbarkeit zeigen: Wenn die Herren von Virginia uns ein Dutzend ihrer Söhne schicken wollen, so werden wir uns große Mühe um ihre Erziehung geben. Wir werden sie in allem ausbilden, was wir können und wissen – und wir werden Männer aus ihnen machen" (Fuchs/Havighurst, S. 3).

Indianer hatten also schon sehr früh den Eindruck, daß in der Erziehung der Weißen etwas fehlte, was für ihre Jugendlichen wichtig war. Vielleicht war es die Fähigkeit zu intuitivem Erfahren und Erkennen, durch die indianische Jugendliche sich auszeichneten, während weiße Jugendliche durch intellektuelle Neugier hervorstachen. Heute weisen Indianer manchmal darauf hin, daß ihr Erziehungsziel eine Verbindung von Verstand und Gefühl anstrebe und daß so erst Balance und Harmonie in das Leben dieser jungen Menschen gebracht werden könne.

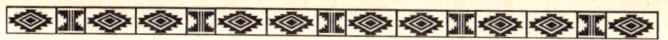

Laguna Chakwena – Kachina TanzLied

Am Ort des Auftauchens
inmitten des Hauses der Regen-Wesenheiten
spricht der Führer der Regen-Wesenheiten:

> Jetzt seid ihr bereit,
> nach draußen zu gehen,
> ihr Regen-Jungen und Regen-Mädchen.

> Es wird auf der ganzen Erde regnen,
> über dem Süden und über dem Osten.
> Aller Regen wird zu den Menschen kommen.

> Unter den Wolken
> tragen die kleinen Kinder
> liebliche Blumen.

> Sie werfen sie hernieder vom Himmel.

> Diese Blumen sind die letzten Kleider,
> die wir uns wünschen können.

> Regen ist über der ganzen Welt.

(Laguna-Pueblo)

Regen ist bei den Pueblo-Indianern in der Halbwüste im Südwesten der USA ein stets karges Gut, dem darum zahlreiche Zeremonien und Lieder gelten. Der ‚Ort des Auftauchens'ist der Ort der Ankunft der Menschen in dieser Welt. – Vielleicht warfen bei diesem Lied die Kinder Blumen von den Dächern der Häuser herab (ähnlich dem Hevebe-Lied der Hopi, bei dem Erwachsene von den Dächern Wasser auf Mädchen in der Straße gießen).

Bei der Konferenz indianischer Führer im Jahre 1972 verglich der Kiowa-Indianer Allen Quetone die moderne amerikanische Erziehung mit traditioneller indianischer Erziehung:

„In der traditionellen indianischen Lebensform gab es eine Zeit für das Heranwachsen. Es gab kein Eilen und Drängen – in keinem Stadium des Lebens; man überschlug keine Station. Es ging von der einen Entwicklungsstufe zur anderen und von dort zur nächsten; man konnte keine von ihnen überspringen. Es gab keine Abkürzungen.

Heute aber, mit diesem Nachdruck auf Erziehung – und ich glaube, daß indianische Kinder dem genauso ausgesetzt sind wie nichtindianische –, da gibt es ein starkes Vorwärtsdrängen, um nur ja sein Kind in die Vorschule und in die Grundschule zu bekommen; um es ans Lesen zu kriegen und an andere Dinge, für die es eigentlich noch zu jung ist. Es wird durch die verschiedenen Stadien seiner Entwicklung hindurchgehetzt.

Indianer dagegen denken, daß jede Entwicklungsstufe notwendig ist und daß es dem Kind erlaubt sein müßte, auf jeder Stufe eine angemessene Zeit zu verweilen. So kann sich jeder Aspekt seines Wesens entwickeln – gerade so, wie sich eine Pflanze in der angemessenen Zeit und Folge der Jahreszeiten entwickelt. Andernfalls hat das Kind keine Chance, in irgendeiner Phase seines Lebens Herr über sich selbst zu werden" (Morey/Gilliam, S. 147f.).

Der Crow-Indianer Henry Old Coyote zitierte den Häuptling Plenty Coups, der zu seinem Volk gesagt habe:

„Schickt eure Kinder zur Schule. Wenn sie zur Schule gehen, können sie all das lernen, was der Weiße Mann anzubieten hat. Aber akzeptiert nur die guten Dinge, die er anbietet. Über die anderen sollt ihr zwar informiert sein, doch ihr sollt in der Lage sein, sie voneinander zu unterscheiden. Wenn ihr euch der formalen Erziehung unterzieht, dann werdet ihr von den Weißen akzeptiert. Bewahrt aber zur gleichen Zeit eure Identität. Versucht, die guten Dinge zu bewahren,

die eure eigenen Menschen anzubieten haben" (Morey/Gilliam, S. 168).

In unserer (europäischen) Kultur und in unserer Erziehung gibt es heutzutage eine selbstverständliche Trennung der schulischen Wissensvermittlung von dem Erfahren des Heiligen. Mystische Erfahrungen und Gefühle werden aus der schulischen Erziehung weitgehend ausgeblendet; das gleiche gilt für Antworten auf die allgemeinsten Fragen: Wie können wir die Kräfte der Ordnung und der Unordnung, des Wachstums und der Verwandlung begreifen? Höchstens im Religionsunterricht werden solche Fragen gelegentlich berührt. Ansonsten liegt unserem kulturellen Selbstverständnis die Auffassung zugrunde, daß der Mensch die natürliche Welt beherrschen und ihre Ressourcen ausnutzen kann und daß eines Tages die Geheimnisse und Unsicherheiten aufgeklärt werden können.

Ganz anders die traditionelle Erziehung von Indianern. Da gab es keine Trennung zwischen der Suche nach Wissen und Lebenstüchtigkeit auf der einen Seite – sowie der religiösen Erziehung und dem Wissen um heilige Dinge auf der anderen Seite. Ein kundiger und gebildeter Mensch war jemand, der seiner sozialen und natürlichen Umwelt gegenüber aufgeschlossen und empfindsam war. Diese Aufgeschlossenheit bedeutete zugleich auch eine Offenheit gegenüber den großen Geheimnissen der Natur; es bedeutete die Möglichkeit mystischer Erfahrung.

167

Ein kleines Kind

Schöne, außergewöhnliche, schwarze Augen,
      gesäumt mit langen, welligen Wimpern,
      die mich an die Gänseblümchen erinnern,
          die um es herum wachsen.

      Es schaut mich an,
      weit vor Wunder,
      Wunder über die grenzenlose Schönheit

          der Erdenschöpfung.

(Alberta Nofchissey)

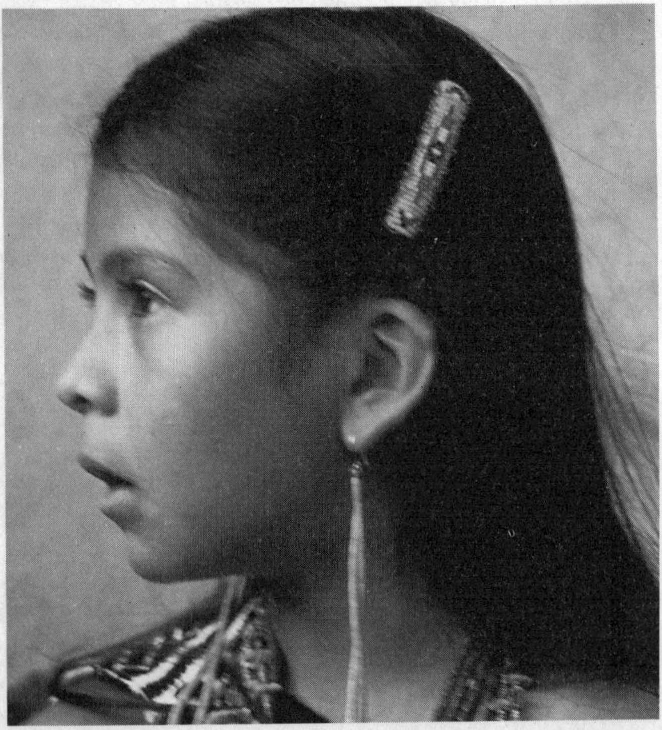

Bei einer Zeremonie für Kinder der Teton-Sioux werden mit den folgenden Worten die Geistwesen der Erde, des Himmels und der vier Himmelsrichtungen angerufen. Sie zusammen sorgen dann für die Gegenwart des Großen Geistes WakaN-taNka.
Die Worte werden von einer Rassel begleitet:

le huNka	Dieses hochgeachtete Kind
eca	schau an,
waNkaNtu kiN	du, der du oben wohnst.

le huNka	Dieses hochgeachtete Kind
eca	schau an,
maka ciN	du, der du in der Erde wohnst.

le huNka	Dieses hochgeachtete Kind
eca	schau an,
wiyohpetata	du, der du wohnst, wohin die Sonne wieder geht (Westen).

le huNka	Dieses hochgeachtete Kind
eca	schau an,
waziyatadu,	du, der du wohnst im Haus des Riesen (Norden).

le huNka	Dieses hochgeachtete Kind
eca	schau an,
wiyohiya Npata	du, der du wohnst, wo die Sonne wiederkehrt (Osten).

le huNka	Dieses hochgeachtete Kind
eca	schau an,
itokagata.	du, der du wohnst in der Richtung, der wir mit ausgestreckten Armen zugewandt sind (Süden).

Natürlich waren die Erziehungsformen in den verschiedenen Stämmen unterschiedlich. So wurden etwa auch die Initiationsriten junger Menschen sehr unterschiedlich gestaltet. Die Zielsetzung dieser Riten war aber weitgehend identisch: Sie sollten das körperliche Wachstum und die seelische Reifung an einem bestimmten Punkt markieren und dem jungen Menschen zugleich die Augen öffnen für die Tiefe der Geheimnisse, denen er in seinem Leben als Erwachsener begegnen würde.

Dabei ist es auffallend, daß in dieser Erziehung die Frage nach dem „Warum" einen geringen Stellenwert einnahm. Rationale Analyse und Hinterfragen des Erfahrenen war offensichtlich weniger Ziel dieser Erziehung; vielmehr standen im Vordergrund die Schulung der Sinne, das sorgfältige Schauen und Lauschen, wenn es scheinbar nichts zu hören und zu sehen gab. So wurde das Bewußtsein vermittelt, daß den äußeren Dingen eine innere Kraft, dem alltäglichen Geschehen eine geheimnisvolle Ordnung innewohnt.

Das Heilige war grundsätzlich Teil des alltäglichen Lebens.

Von der Erziehung der Luiseño-Jungen heißt es: „Die Erde hört dich, der Himmel und die bewaldeten Berge sehen dich. Wenn du dieses glaubst, wirst du alt werden. Du wirst deine Söhne und deine Töchter sehen; du wirst sie in dieser Art unterweisen, wenn du dein hohes Alter erreichst. Und wenn du bei der Jagd ein Kaninchen oder einen Hirsch tötest und ein alter Mann bittet dich um dieses Tier, so wirst du es ihm sofort geben" (Beck/Walters, S. 57).

Erziehung nach diesem Muster soll offensichtlich die Erfahrung vermitteln, wie man die natürliche Welt zum Wohle der Menschen wahrnehmen und gebrauchen und wie man harmonisch und im Gleichgewicht mit ihr und mit anderen Menschen leben kann.

Der Hopi Sun Chief erinnert sich nach einer fast tödlich verlaufenen Krankheit seiner indianischen und seiner ‚weißen'Erziehung:

„Wie ich so auf meiner Decke lag, dachte ich an meine Schultage und an alles, was ich da gelernt hatte. Ich konnte reden wie ein Gentleman; lesen, schreiben und rechnen. Ich konnte alle Staaten der Union mit Namen nennen, auch ihre Hauptstädte; konnte die Namen aller Bücher der Bibel wiederholen; konnte hundert Verse der Bibel hersagen und mehr als zwei Dutzend Kirchenlieder singen; ich konnte patriotische Lieder singen, debattieren und beim Fußball die Spieler anfeuern; ich konnte beim Square Dance meine Partnerinnen führen, Brot brechen und gut genug nähen, um mir selbst eine Hose anzufertigen; und ich konnte stundenlang schmutzige Geschichten erzählen ...

Doch meine Todeserfahrung hatte mich gelehrt, daß ich einen Hopi-Schutzengel hatte, dem ich folgen mußte, wenn ich leben wollte. Ich wollte wieder ein richtiger Hopi werden, wollte die guten alten Kachina-Lieder singen und wollte mich frei fühlen in der Liebe – ohne Furcht vor Sünde und Peitsche" (Robert A. Hecht, S. 302f.).

An anderer Stelle sagt der Kiowa-Indianer Allen Quetone:

„Da ich jetzt auch in der dominanten Gesellschaft der Weißen lebe, sehe ich genau, warum Weiße, selbst wenn sie wollten, unter diesem System gar nicht die Zeit hätten, ihren Enkeln die Fürsorge und Belehrung zukommen zu lassen, wie es Indianer tun. Ich weiß noch genau, wie mein Großvater mich behandelte; und obwohl ich selbst noch keine Enkel habe, so weiß ich doch, wie ich sie behandeln möchte ... Deshalb weiß ich, was ich tun werde, wenn ich ein bestimmtes Alter erreicht habe: Ich werde aufhören zu arbeiten. Ich werde mich nicht mit der Arbeit herumschlagen, wie es die Weißen tun. Sie sind in einer Tretmühle, und sie wissen es, aber sie können nicht innehalten. Ich sehe keinen Grund, warum ein Mensch bis ins hohe Alter so hart arbeiten sollte. Dies ist einer der Gegensätze zwischen der umfassenden indianischen Philosophie und der Philosophie der Nichtindianer" (Morey/Gilliam, S. 92f.).

Ein drängendes Problem indianischer Erziehung brachte Allen Quetone 1968 auf folgende Formel:

„Die Kiowa – und ich bin sicher, auch die anderen Indianervölker – lehren ihre jungen Leute, geduldig zu sein, vor allem in der Gegenwart älterer Menschen. Das ist ein Verhalten, dem im indianischen Leben hohe Bedeutung zukommt. Darum lernt man es auch schon sehr früh. Aber heute, heute müssen junge Indianer hinausgehen in die Welt und sich mit anderen messen. Die Welt draußen ist durch Konkurrenz und Wettbewerb bestimmt, sie ist aggressiv und läßt denjenigen ohne Erfolg, der Geduld hat, der zurücksteht und andere vorläßt" (Morey, S. 52).

Also: Der Konkurrenzcharakter der westlichen Zivilisation läßt Indianer fast mit Notwendigkeit scheitern.

Mahnung an ein Kind

Wie der Mensch durch sein Leben schreitet,
muß er seinen Fuß mit Vorsicht setzen;
muß sowenig zerstören wie möglich;
muß alles in seiner Macht Stehende tun,
um das zu heilen,
was in der Natur aus Notwendigkeit zerbrochen werden
muß.

(Tim Ingold)

Aaron Nicholas, beinahe zehn

Er war einmal ein winziges hilfloses Etwas.
Ein Wesen,
        für das ich das Zentrum des Universums war.
Und auch später noch,
als ich ihn beobachtete,
        wie er gehen und sprechen lernte
        und die Welt erkunden –
da wußte ich noch alles, was es zu wissen gab
        über sein kleines, umgrenztes Leben.

Jetzt führt er sein eigenes Leben
        ziemlich getrennt von mir.
Hat Interessen,
        die mich nichts angehen,
Dinge,
        die ich nicht verstehen würde,
Geheimnisse,
        die er mit anderen kleinen Jungen teilt,
        aber nicht mit mir.

Nur noch eine Zeitlang
        werde ich in der Lage sein,
        seinen kleinen Jungenleib zu umarmen,
        seine zarte weiche Wange zu küssen
        und ihn am Abend warm zuzudecken.

        Nur noch eine Zeitlang,
                so scheint es.

(Janet Campbell Hale)

Schließlich soll auch noch auf die Kindersterblichkeit eingegangen werden. Diese war bei Indianern natürlich recht hoch. Manche Völker schoben die Zeremonie der Namengebung deshalb auf, bis das Kind etwa ein Jahr alt war und bessere Chancen des Überlebens hatte.

Der Sioux-Medizinmann Lame Deer berichtet aus seinem Volk:

„Wenn Eltern ein geliebtes Kind verloren, dann hatten sie den Wunsch, seine Seele, seine Geistnatur zu behalten. Sie bewahrten eine Locke vom Haar des Kindes länger als ein Jahr auf und hielten dann eine große Zeremonie ab, welche die Seele halten sollte (‚spirit-keeping ceremony‘). Sie errichteten eine Hütte und stellten eine Schale mit Nahrung zurecht – alles für die kleine Seele. Auch verschenkte man an diesem Tag Dinge, die man eigens dafür gespart hatte. Man gab dann alles fort, selbst das eigene Hemd ...“ (Richard Erdoes, S. 145f.).

Bei den Hopi war der Glaube verbreitet, daß die Seele eines verstorbenen Kindes sich in der Nähe der Mutter aufhielt, bis ein neues Kind geboren wurde. Dann konnte sie in diesen Körper eingehen und ein neues Leben versuchen. Die leisen Geräusche, die man oft im Hause vernahm, deutete man als Hinweis, daß die Seele des verstorbenen Kindes in der Nähe war. Wenn die Mutter aber nach dem Tod eines Kindes kein weiteres Kind mehr bekam, so glaubten die Hopi, daß die Seele des Kindes in der Nähe der Mutter blieb, bis diese selbst starb. Das Kind nahm dann die Mutter mit auf dem Pfad zur Sonne (vgl. Carolyn Niethammer, S. 16).

Klagelied eines Mannes für seinen Sohn

Sohn, mein Sohn!
Ich will auf den Berg gehen,
und dort will ich ein Feuer entzünden
zu den Füßen der Seele meines Sohnes;
und dort will ich ihn beklagen.
   Ich will sagen:
   O mein Sohn,
   was bedeutet mir mein Leben
   jetzt, da du fortgegangen bist!

Sohn, mein Sohn!
In die tiefe Erde
legten wir dich sanft,
im Gewand eines Häuptlings,
in der Rüstung eines Kriegers.
   Ganz gewiß
   dort im Land des Geistes
   werden deine Taten dich begleiten!
   Ganz gewiß
   wird der Mais wieder reifen.

Doch ich, hier,
ich bin der Halm,
den der Schnitter unfruchtbar schimpft
und einsam stehen läßt.
   Sohn, mein Sohn,
   was bedeutet mir mein Leben
   jetzt, da du fortgegangen bist?

(Paiute)

Das Ende der Kindheit war bei Indianern wie bei anderen – auch europäischen – Völkern durch Riten markiert. Sogenannte Initiationsriten feierten den Eintritt der Heranwachsenden in die Bünde und damit in die Welt der Erwachsenen und ihrer größeren Verantwortung. Navajo, Apachen und andere Indianer begehen vor allem die Geschlechtsreife eines Mädchens mit mehrtägigen, sehr aufwendigen und eindrucksvollen Zeremonien.

O Mutter Erde,

die du Frucht trägst
und die du wie eine Mutter
     für die Generationen bist.

Dieses junge Mädchen hier
wird heute geläutert und geheiligt werden.

Möge es sein wie du.
Und mögen seine Kinder
     und die Kinder seiner Kinder
den heiligen Pfad
     in heiliger Weise
gehen.

(Sioux, Pubertätszeremonie)

Der Pubertätsritus für ein geschlechtsreifes Mädchen wird für das einzelne Mädchen durchgeführt. Er gibt ihm ein Gefühl für seine persönliche Bedeutung als Mitglied des Stammes. Bei den Navajo unterstreicht der Initiationsritus der Mädchen auch, daß es wichtig für sie ist, sie mit folgender Tatsache vertraut zu machen: Die Mädchen sind bedeutend, nicht nur, weil man von ihnen erwartet, daß sie gute Frauen und Mütter werden, sondern man will ihnen auch Selbstachtung vermitteln ...

Der ganze Clan nimmt an dem Ritus teil. Es gibt ein Ritual, bei dem Männer und Frauen die ganze Nacht hindurch singen. Es gibt eine Reinigungszeremonie, eine Zeremonie des Haarewaschens und eine Zeremonie des Formens und Gestaltens, während welcher das Mädchen rituell massiert wird, um es in Schönheit heranwachsen zu lassen.

(Henderson)

Eine Besonderheit indianischer Verabschiedung vom ‚Kindsein' soll hier eigens angesprochen werden: Bei vielen indianischen Völkern gehörte zum Reifeprozeß des Jugendlichen – oft nur des männlichen, manchmal aber auch des weiblichen – die sogenannte ‚vision quest', die ‚Visionssuche'. Sie stand dann an, wenn der Jugendliche die Kindheit hinter sich gebracht hatte, also zu der Zeit, wenn auch in anderen Kulturen Initiationsriten durchgeführt werden. Bei den Omaha-Indianern hieß dieser Ritus Non'-zhin-zhon: Es handelte sich dabei um eine persönliche Erfahrung des Heranwachsenden, die ihn in die religiösen Geheimnisse des Stammes einführen und in direkte Kommunikation mit den übernatürlichen Mächten bringen sollte (vgl. A. Fletcher, S. 26ff.).

In Vorbereitung für diesen Ritus wurden dem Omaha-Jugendlichen Stammesgebete vermittelt. Diese sollten ihn während der einsamen Visionssuche begleiten, die in der Regel vier Tage und Nächte dauerte. In dem Augenblick, da er das Haus seiner Eltern verließ, legten diese eine kleine Menge Lehm auf seinen Kopf. Um ihn zur Selbstkontrolle zu erziehen, gaben sie ihm einen Bogen und Pfeile in die Hand, die er aber unter keinen Umständen während seines viertägigen Fastens benutzen durfte. Vielmehr sollte er sein Gebet unter Tränen singen, dabei seine Tränen mit den Innenflächen der Hände fortwischen, dann seine feuchten Hände zum Himmel erheben und schließlich die Hände auf die Erde legen.

Mit diesen Anweisungen wurde der Jugendliche seiner Mut- und Ausdauerprobe in den Bergen überlassen. Wenn er dann vor Hunger, Durst, Kälte oder Übermüdung einschlief oder in Trance verfiel, erschien ihm häufig ein Tier oder eine Gestalt der natürlichen Welt, die ihn manchmal zugleich Worte und ein Lied lehrte.

Diese Erscheinung war forthin sein Schutzgeist; mit diesem Lied konnte er die Hilfe seines Schutzgeistes herbeibitten; dieses Lied begleitete ihn sein Leben lang bis in seine Todesstunde.

So sind im Heranwachsen Kindheit und Alter, Geburt und Tod zusammengebunden – wie in diesen Worten eines alten Lakota-Indianers:

Ein Kind ist ein Wesen,
das gerade aus dem Großen Geheimnis gekommen
ist.

Und ich, der ich ein alter Mann bin,
bin gerade dabei,
in das Große Geheimnis zurückzukehren.

In Wirklichkeit sind wir einander also
sehr nahe.

Bild einer Vision

Bild eines Vogels, den ein junger Indianer in seinem Traum sah und den er auf ein Stück Stoff zeichnete. Für ihn bedeutete dieser Vogel eine Vision, die er in der Welt der Weißen allerdings nie verwirklichen oder ausleben konnte.

(Frances Densmore,
Chippewa Music II, S. 250)

Blicke hoch zum Gipfel des Berges

Der Tewa-Pueblo-Indianer Dr. Alfonso Ortiz, ein bekannter amerikanischer Ethnologe, schreibt über seine Kindheitserfahrungen als Indianer:

Ein weiser älterer Mann in meinem Volk, den Tewa, gebrauchte – als er noch lebte – häufig die Wendung ‚Pin pe owi – Blicke hoch zum Gipfel des Berges‘. Ich hörte sie zum erstenmal vor 25 Jahren, als ich sieben Jahre alt war. Damals bereitete ich mich darauf vor, zum erstenmal an den Staffelläufen teilzunehmen, die wir im Puebloland durchführten, um Vater Sonne bei seiner Reise über den Himmel Kraft zu geben.

Ich war am einen Ende der Rennbahn, die von Osten nach Westen führte, wie der Weg der Sonne. Der alte Mann, der blind war, rief mich zu sich und sagte: „Junge, wenn du läufst, blicke hoch zum Gipfel des Berges." Dabei wies er in die Richtung des Tsikomo, des im Westen gelegenen heiligen Berges der Tewa, der in der Ferne hochragte.

„Halte deine Augen auf diesen Berg gerichtet, und du wirst fühlen, wie die Meilen unter den Füßen dahinschmelzen. Tu dies, und du wirst dich bald so fühlen, als könntest du über Büsche, Bäume und sogar über den Fluß springen."

Ich versuchte zu verstehen, was diese letzten Worte bedeuteten, aber ich war zu jung. Ein paar Tage später fragte ich ihn, ob ich wirklich lernen könnte, über Baumwipfel zu springen.

Er lächelte und sagte: „Welchen Herausforderungen des Lebens du auch begegnen wirst, denke immer daran, zum Gipfel des Berges hochzublicken. Denn so blickst du auf

Größe. Vergiß dies nicht und laß kein Problem, wie groß es auch erscheinen mag, dich entmutigen. Und laß nichts Geringeres deine Augen fesseln als der Gipfel des Berges. Dies ist der einzige Gedanke, den ich in dich pflanzen möchte. Und wenn wir uns in verblassender kommender Zeit wiedertreffen werden, so wird es auf dem Gipfel des Berges sein."

Wiederum fragte ich mich, warum er mir dieses sage und was es bedeute. Nicht lange brauchte ich mich zu fragen, denn im folgenden Monat, als die Maispflanzen kräftig auf den Feldern standen, da starb er still in seinem Schlaf. Er hatte 87 Sommer gesehen.

Obwohl er wußte, daß ich zu jung war, um zu verstehen, so wußte er doch auch, daß er nicht mehr viel Zeit hatte, mir diese Botschaft zu vermitteln – mir, und vielleicht auch anderen, die waren wie ich.

An jenem Tag, da er starb, warteten die Vorfahren auf ihn am Rande des Dorfes – so ist es unser Glaube. Sie warteten, um ihn auf seiner letzten viertägigen Reise zu den vier Heiligen Bergen der Tewa-Welt zu begleiten ...

Diese letzte Reise endet immer, wenn die Geister der Vorfahren und des Zurückkehrenden in einen See nahe dem Gipfel eines der Heiligen Berge eintauchen; denn diese Seen sind die Heimat der Götter.

Im tiefsten, transzendentalen Sinn besteht das Leben für einen Tewa darin, zu versuchen, die Bedeutung dieser Worte „Blicke hoch zum Gipfel des Berges" auszuloten. Denn diese Worte enthalten eine Vision des Lebensweges – eine Vision, die sich durch ungezählte Jahrtausende des Lebens auf diesem Land entwickelt hat.

Erst in den letzten Jahren habe ich voll erkannt, daß diese Vision ein unschätzbares Geschenk war. Denn sie faßt das Wissen eines Volkes zusammen; das Wissen, was es bedeutet, zu einer Zeit und einem Ort zu gehören und doch auch jenseits von Zeit und Ort zu sein.

Doch ich weiß auch, daß ich niemals gänzlich all das ver-

stehen werde, was mit diesen Worten gemeint ist. Denn wenn ich oder jemand, der lebt, zu diesem Verständnis vordringen sollte, dann wäre es Zeit, sich mit den Vorfahren zu vereinen und die letzte Reise zum Gipfel des Berges anzutreten.

Literatur

Gedichte, Gedanken und Lieder wurden zum Teil persönlich auf Indianerreservationen in den USA gesammelt. Außerdem wurde folgende Literatur herangezogen:

Akwesasne Notes 1977.

Beck Peggy V / Walters, Anna L.: The Sacred – Ways of Knowledge, Sources of Life; Tsaile, Navajo Reservation 1977.

Brandon, William: The American Heritage Book of Indians; New York 1977.

Bunzel, Ruth: Zuni Ritual Poetry; Washington, 47th Annual Report of American Ethnology, 1929-1930.

Chapman, Abraham: Literature of the American Indians; New York 1975.

Chief Standing Bear: Land of the Spotted Eagle; Boston/New York 1933.

Collier, John: On the Gleaming Way; Chicago 1962.

Curtis, Nathalie: The Indians' Book; New York 1907/1922.

Densmore, Frances: Chippewa Music; Washington, Smithsonian Institution, Bureau of American Ethnology; Bulletin 45, 1910.

Densmore, Frances: Chippewa Music II; Bulletin 53, 1913.

Densmore, Frances: Teton Sioux Music; Bulletin 61, 1918.

Densmore, Frances: Mandan and Hidatsa Music; Bulletin 80, 1923.

Densmore, Frances: Papago Music; Bulletin 90, 1929.

Densmore, Frances: Yuman and Yaqui Music; Bulletin 110, 1932.

Densmore, Frances: Music of Santo Domingo Pueblo, New Mexico, South West Museum Papers No. 12, May 1938.

Densmore, Frances: Nootka and Quileute Music; Washington, Smithsonian Institution, Bureau of American Ethnology, Bulletin 124, 1939.

Densmore, Frances: Music of the Indians of British Columbia; Bulletin 136, 1943.

Densmore, Frances: Seminole Music; Bulletin 161, 1956.

Densmore, Frances: Music of the Acoma, Isleta, Cochiti and Zuni Pueblos; Bulletin 165f, 1957.

Dox, Andreas: Indianische Erziehung; in: Americana 12/1, S. 3-11.

Eastman, C. A.: Die Seele des Indianers; Leipzig 1938.

Erdoes, Richard: Lame Deer – Seeker of Visions; New York 1972.

Fergusson, Erna: Dancing Gods; Albuquerque 1977 (1. Aufl. 1932).

Fletcher, Alice C.: Indian Story and Song from North America; Boston 1900.

Fuchs, Estelle / Havighurst, R. J.: To Live on this Earth – American Indian Education; Garden City, N.Y. (Doubleday) 1973.

Garfield, Viola G. / Wingert, Paul S. / Barbeau, Marius. The Tsimshian – Their Arts and Music; Publications of the American Ethnological Society XVIII, New York, o. J.

Gerber, Peter R.: Indian Control of Indian Education; in: Hoffmann, Gerhard: Indianische Kunst im 20. Jahrhundert; München 1985, S. 28-32.

Hamilton, Charles: Cry of the Thunderbird; Norman/Oklahoma 1950/1972.

Hecht, Robert A.: Continents in Collision; Boston 1980.

Herzog, George: A Comparison of Pueblo and Pima Musical Styles; Journal of American Folklore, Vol. 49, 1936.

Hirschfelder/Byler/Dorris: Guide to Research on North American Indians; Chicago 1983.

Hirschfelder, Arlene: Happily May I Walk; New York 1986.

Hopi Mental Health Conference Reports 1981-1984.

Kaiser, Michaela: Was zwischen Sonne und Mond geschah – Indianische Mythen und Märchen; Gütersloh, GTB 1103, 1988.

Kaiser, Rudolf: Im Einklang mit dem Universum – Aus dem Leben der Hopi-Indianer; München 1992.

Kluckhohn/Leighton: The Navajo; Cambridge 1951.

Kurath, Gertrude P.: Iroquois Music and Dance: Ceremonial Arts of Two Seneca Longhouses; Washington, Smithsonian Institution, Bureau of American Ethnology, Bulletin 187, 1964.

Lafferty, Joe: Akwesasne Notes, Dec. 1977, S. 10.

La Flesche, Francis: The Osage Tribe: Right of the Wa-Xo'-be; Washington, Bureau of American Ethnology, 45th Annual Report, 1927/28.

Levitas, Gloria / Vivelo, Frank Robert / Vivelo, Jacqueline J.: American Indian Prose and Poetry; New York 1974.

Levy, Marie T.: With a happy heart and thankfulness; in: Mothering No 28, Sommer 1983, S. 64 f.

Linderman, F.: Red Mother, New York 1932.

Mooney, James: The Sacred Formulas of the Cherokee; Washington, US Bureau of American Ethnology, 7th Annual Report 1885-86.

Morey, Sylvester: Can the Red Man Help the White Man?; New York 1970.

Morey, S. M. / Gilliam, O. L.: Respect for Life – The Traditional Upbringing of American Indian Children; New York, Myrin 1974.

Niethammer, Carolyn: Daughters of the Earth; New York/London 1977.

Ohiyesa: An Indian Boyhood; New York 1902.

Paige, Harry W.: Songs of the Teton Sioux; Los Angeles 1970.

Rasmussen, K.: The Intellectual Culture of Igluik Eskimos; Vol. 7, No. 2, Kopenhagen.

Rhodes, Robert: Hopi Music and Dance; Tsaile, Navajo Reservation 1977.

Roberts, Helen H. / Haeberlin, Herman K.: Some Songs of the Puget Sound Salish; Journal of American Folklore, Vol. 31, 1918.

Roberts, Helen H.: Form in Primitive Music; New York 1933.

Roberts, Helen H. / Swadesh, Morris: Songs of the Nootka Indians of Western Vancouver Island; Transactions of the American Philosophical Society, Vol. 45, Part 3, 1955.

Russell, Frank: The Pima Indians; Washington, 47th Annual Report of the Bureau of American Ethnology, 1929-30.

Sands, K. M. / Sekaquaptewa, E.: Four Hopi Lullabies – A Study in Method and Meaning; American Indian Quarterly 4/1978, S. 195-210.

Sapir, Edward: Religious Ideas of the Takelma Indians of South Western Oregon; Journal of American Folklore, Vol. 20, 1907.

Shakespeare, Tom: The Sky People; New York/Washington/Hollywood 1971.

Speck, Frank G.: Ceremonial Songs of the Creek and Yaqui Indians; University of Pennsylvania Museum, Anthropological Publications, Vol. I, No. 2, 1909-1911.

Stevenson, Tilly E.: The Religious Life of the Zuni Child; Washington, D.C., Smithsonian Institution, Bureau of Ethnology, 1889.

Stewart, Irene: A Voice in Her Tribe – A Navajo Woman's Own Story; Socorro/New Mexico 1980.

Swann, Brian: Song of the Sky – Versions of Native American Songs and Poems; New York 1985.

Swanton, John R.: Tlingit Myths and Texts; Washington, Smithsonian Institution, Bureau of American Ethnology, Bulletin 39, 1909.

Swanton, John R.: Haida Songs; Vol. III of Publications of the American Ethnological Society, 1912.

Talayesva, Don C.: Sun Chief; New Haven 1942.

Tedlock, Dennis / Tedlock, Barbara: Teachings from the American Earth; New York 1975.

Turney-High, Henry Holbert: The Flathead Indians of Montana; Memoires of the American Anthropological Association; New York 1969.

Vizenor, Gerald: Anishnabe Adiosakan – Tales of the People; Minneapolis 1970.

Vogel, Virgil J.: This Country Was Ours; New York 1972.

Williamson, Ray A.: Living the Sky – The Cosmos of the American Indian; Boston 1984.

Vom gleichen Autor
liegen folgende Titel vor

Die Erde ist uns heilig
Die Reden des Chief Seattle
und anderer indianischer Häuptlinge
Freiburg, Herder/Spektrum, [3]1993

Indianischer Sonnengesang
Zur Weisheit und Spiritualität nordamerikanischer Indianer
Freiburg, Herder/Spektrum 1993

This Land is Sacred
Views and Values of North American Indians
Hannover, Schroedel Verlag, [2]1989
(Materialien für den Englischunterricht
im Sekundarbereich II;
Schülerband und Lehrerband)

Die Stimme des Großen Geistes
Prophezeiungen und Endzeiterwartungen
der Hopi-Indianer
München, Kösel-Verlag [2]1990

Gott schläft im Stein
Indianische und abendländische Weltansichten
im Widerstreit von Ganzheitlichkeit und Dualismus
München, Kösel-Verlag [2]1993

Im Einklang mit dem Universum
Aus dem Leben der Hopi-Indianer
München, Kösel-Verlag 1992

(zus. mit Michaela Kaiser:)
Ich mischte Sand und Sterne
Indianische Liebeslyrik
GTB Siebenstern, Gütersloh 1992

Die Weisheit des indianischen Volkes

Marianne Oesterreicher-Mollwo
Tagebuch für meine indianische Tochter
Geschichte einer Adoption in Peru
Band 4084

Der Baum, der einem Mann ein Kind schenkte
Indianische Märchen und Mythen aus dem Regenwald
Herausgegeben von Klaus Keplinger
Band 4191
Schauplatz: der Amazonasurwald Perus. Paradiesische Erzählungen
aus dem Volk der Ashininca.
Ein Dschungelbuch zum Verschlingen.

Klemens Ludwig
Flüstere zu dem Felsen
Die Botschaft der Ureinwohner unserer Erde zur Bewahrung der
Schöpfung
Band 4195
Menschen, die nie aufgehört haben, im Einklang mit der Natur zu
leben, erheben in diesem Buch eindringlich ihre Stimme.

Georg Bydlinski / Käthe Recheis
Die Erde ist eine Trommel
Weisheit der indianischen Ureinwohner Nordamerikas
Band 4245
Lieder, Reden, Gebete, Gedichte und autobiographische Texte zeigen
eindrucksvoll den ursprünglichen Reichtum indianischer Kultur.

Paul Arnold
Das Totenbuch der Mayas
Das geheime Wissen der indianischen Hochkultur
Band 4247
Von Göttern, Geistern und Dämonen: das außergewöhnliche To-
tenbuch der Mayas, entschlüsselt durch den renommierten Religi-
onswissenschaftler Paul Arnold.

HERDER / SPEKTRUM

Für eine neue Sensibilität

Elie Wiesel
Den Frieden feiern
Mit einer Vorrede
von Václav Havel
Band 4019

Antoine de Saint-Exupéry
**Man sieht nur
mit dem Herzen gut**
Band 4039

Dalai Lama
Zeiten des Friedens
Band 4065

Gerd Michelsen
**Unsere Umwelt
ist zu retten**
Was ich gewinne, wenn ich
mein Verhalten ändere
Band 4035

Christine von Weizsäcker/
Elisabeth Bücking (Hrsg.)
**Mit Wissen, Widerstand
und Witz**
Frauen für die Umwelt
Band 4093

Thea Bauriedl
Wege aus der Gewalt
Analyse von Beziehungen
Band 4129

Albert Einstein
Zeiten des Staunens
Band 4153

Mahatma Gandhi
Handeln aus dem Geist
Texte zum Nachdenken
Band 4173

Saliha Scheinhardt
**Und die Frauen
weinten Blut**
Erzählungen
Band 4188

Joseph Weizenbaum
**Wer erfindet
die Computermythen?**
Der Fortschritt in den großen
Irrtum
Herausgegeben von
Gunna Wendt
Band 4192

Helena Norberg-Hodge
Leben in Ladakh
Mit einem Vorwort des
Dalai Lama
Band 4204

Erich Fromm
**Leben zwischen Haben
und Sein**
Band 4208

HERDER / SPEKTRUM